稼ぐ人の超速文章術

Super Fast
Writing for
Successful
People

文章術

パッと書けてすぐに売れる

中野 巧
NAKANO KOU

速く書くことと、上手い文章は、両立できる

「パッと書けてすぐに売れるなんて、嘘っぱちだ！」

　Amazonでそんなレビューを書かれるかもしれない。
　正直それは、私のやわらかいメンタルに、十分なダメージを与えるだろう。
　しかし、それでも私は、この本をどうしても、あなたに手に取ってほしかった。

　なぜなら、私が文章指導をはじめた12年前には、特定の人だけが身につければよかった文章スキルが、SNSやインターネットが空気のように私たちの日常に溶け込んでいる今、もはや "誰にとっても" 重要な必須スキルとなったからだ。

文章という、つぶしが効くスキル

「文章は苦手だから」と、避けて通ることを時代が許しくてくれないのですから、"誰にとっても" というのは、決して絵空事ではありません。

　その昔、「メールだけ」あるいは「メルマガだけ」の営業やアポイントで仕事が成り立つ時代がありました。デジタル・ネイティブの若者にこんな話をしようものなら、お酒の席での武勇伝だと煙たがられるだけで、きっと信じてすらもらえないでしょう。

1

SNSやLINE、ブログ、ホームページ、ランディングページなどが当たり前の世代に、信じてもらう意味すらないのかもしれません。それだけコミュケーション手段は多様化し、誰もがメディアとなり、自由に情報配信できる環境が整っています。

しかし、「言葉で伝える」という本質は、何も変わりません。言葉、つまり文章で人を動かすことができれば、次のような変化があなたに起こり始めます。

- 仕事やビジネスであなたや商品・サービスの価値が的確に伝わり、成績や売上げが上がる ➡ 結果が出る
- 伝わらないことや誤解から発生する、目に見えない膨大なコミュニケーションコストが激減する ➡ 無駄がなくなる
- 文章を書くことや伝えることへの負担がなくなる ➡ ストレスフリー

こういった、わかりやすいポジティブな変化が起こるだけではなく、文章化できるスキルは、あなたの価値を高め、発想力やアイデアを生み出す力を刺激し、私たちの仕事やプライベートを広範囲に、そして強力にサポートする武器になります。

ひと言で言ってしまえば、文章を書ける力は、未来の選択肢を広げ、あなたをさらに活躍させる、「つぶしが効くスキル」なのです。

文章が、誰でも、確実に、上手くなることは可能か？

「文章って、結局、どうしても避けて通れないですよね、でも……」

こんなため息まじりの、つぶやきの正体は、文章の重要性を痛いほどわかりながらも、思うように書けないもどかしさ。なんか違う……という、モヤッとした感覚ではないでしょうか。

　私は、共感を結果につなげる文章作成法「エンパシーライティング」を開発してからの10年間で、小学生から経営者まで幅広く、多くの人の文章改善に関わり、5万人以上に文章ノウハウをお伝えしてきました。

　その中で、確信していることは、コツさえ知れば、
「文章は、誰でも、確実に、上手くなる！」ということ。
　おそらく例外は、ありません。

　そのためのノウハウは、情報があふれるネット上で探せばいくらでもみつかります。
　また、本書には「これだけ知っていれば大丈夫！」という知識や独自の方法論を詰め込みました。
　では、あなたの価値を、さらに高めるキーワードとは何か？

　それは「スピード」。

　どんなに上手い文章が書けても、時間がかかりすぎれば、あっという間に時代があなたを追い越していってしまいます。

　つまり、上手い文章を、「速く書ける」ことが、時代の求めるスキルなのです。

　本書であなたに公開するノウハウは、すべてがスピードアップにつな

がっています。大きくわけて、次の3つに分かれています。

1 SNSで役立つ 超速で文章力が上がるテクニカルな方法（1〜3章）
2 ブログ・メルマガで役立つ 超速で読まれる文章が書ける方法（4〜5章）
3 ランディングページで役立つ 超速でセールス文章が書ける方法（6〜7章）
※巻末付録として、「上司に YES と言わせる企画書テンプレート」も掲載

SNSから売れる文章までを、「上手く書く」vs「速く書く」

本書で紹介するノウハウは、多くの方から反響をいただいています。

［ 1 SNS ］

　SNS投稿の考えすぎで、なかなか最後の投稿ボタンを押せなかった20代の女性。「SNS 文章作成ゲーム（第2章参照）」で、自動でさくっと作った5パターンの文章から、好きな文章を選べるようになり、短時間で投稿できるようになりました。さらには、文章のおもしろさと、伝える喜びを知り、文章作成のスピードや質がアップデートされています。

［ 2 ブログ・メルマガ ］

　整体師が集まる業界セミナーに講師で呼んでいただいたとき、「ブログは絶対に書きたくない！！」という先生が参加されましたが、受講から10日後、なんと「101記事達成！」のご報告。
　ゼロから101記事ですと、スピードアップは無限になってしまいますが、別のアンケートでは「本当に俺が書いたの！？　と思うぐらいの文章が完成。その時間も、今までの10分の1！」こんなご感想もいただきます。

［3 ランディングページ］

　私の文章講座に参加するのを2年間迷っていたほど文章が苦手だったヨガ講師の女性は、売れるランディングページテンプレートを知った直後、2週間かかっていたランディングページを1日（14分の1の時間）で書けるようになり、今では、業界のトップリーダーからランディングページ制作を依頼されるほどにスキルアップしています。

　このように、速く書くことと、上手い文章を、両立することで、仕事でのパフォーマンスや売上げが大きく引き上がります。

　そして、こうしたSNSやブログ、メルマガ、ランディングページの反応を高める「伝える武器」は、ホームページや広報、PR、クラウドファンディングやLINEに至るまで、あなたの「伝わる＆売れる」に大きな変革をもたらします。

ベビースターラーメンのテーマパーク 「おやつタウン」成功の秘訣

- -

「何もないところに人を呼ぶ！」

　このようなテーマで、テレビ特集を組まれたり、企業での講演オファーが止まない嶋田亘克さん。

　嶋田さんは『ディズニーのすごい集客』（フォレスト出版）の著者であり、エンターテイメントの世界に精通された方です。しかし、そんな嶋田さんでも、三重県津市の何もない町で、まさか開業1か月で年間目標の25%集客を成功させるとは、誰にも予想していませんでした。

「おやつタウン」の仕事をされる前から、嶋田さんはエンパシーライティングを活用してくださっていました。共感を生み出す文章を広告に

使うことで、今まで１回の放送で５件程度程度しか注文がなかったラジオショッピングで30件を超える受注を達成したり、**エンパシーチャートで書いた台本で構成した１本のテレビ番組で20億円以上の売上を達成**したりと、次々に大きな結果を出されていました。

　そんな嶋田さんからは、以前こんなメッセージをいただきました。

「20億円以上の売上を達成しました。しかし、**売れたことよりお客様に共感いただけた実感が一番の嬉しさでした**。最初に『寄り添いマップ』（第６章で紹介）で、商品を本当に必要とする人と、伝えるべきメッセージを明確にしてから、『エンパシーチャート』（第５章で紹介）『穴埋め文章作成テンプレート』（第４章で紹介）を使うことで、売り込みから一転してお客様に共感していただけるようになりました。また『ディズニーのすごい集客』（フォレスト出版）を出版したきっかけは、エンパシーライティングを活用して書いた出版社への企画書だったんです」

「おやつタウン」で、年に１度「エンパシーライティング」の研修を実施させてもらっていますが、その内容を本書ではふんだんに紹介しています。

新入社員研修テキストを想定した、全７章のカリキュラム

「文章作成による革命」を目指す本書を、いったい誰に向けて書けば、少しでも多くの人の役に立てるのか？

　と悩み、考え抜いた結果、**目指したのは「新入社員研修テキスト」**です。なぜなら、会社は

時間やコストは最小限。だけど、すぐに即戦力。

　ということをシビアに求めているからです。そして、
「新入社員研修で使えるなら、勉強会や読書会などはもちろん、自営業
の方や、多くのビジネスパーソンにも、すぐに使える有益なコンテンツ
になるっ！」と考えました。

　そこで本書は、全7章からなる実践的なカリキュラムになっています。
　各章の最後に用意したWORKを実践いただきながら、週に数回、1
章ずつ実践していけば、たった2〜3週間で超即戦力！

　興味のあるところから実践いただいても、最後にまとめて紹介してい
る効率化ツールや付録だけでも、すぐにご活用いただけます。
　また、どうしてもあなたに読んで実践してほしく、この「はじめに」
だけでも、24の文章工夫をミルフィーユのように、丁寧に重ねています。
　2回目に読むときには、その1枚1枚がきっと目に飛び込んでくるはず
です（答えは巻末に）。

　他にも、たくさんの仕掛けで、楽しみながらスキルアップしていただ
けるように構成していますので、今日からはじまる文章革命を楽しみに
しながら、早速ページをめくりはじめてください！

なか の こう
中野巧

パッと書けてすぐに売れる

超速文章術

CONTENTS

^第 **1** ^章

知らないと損!? 文章が急に上手くなる

「超速！文章アップデート法」

第 2 章

5パターンの文章が自動で出てくる

「超速！SNS文章作成ゲーム」

第**3**章

小手先だけど効果絶大！スラスラ読まれるようになる

「超速！文章テクニック」

3 機能や効果を想起しやすいか？

4 共感・親しみがわくか？

5 省略しやすいか？

6 コンセプトを表しているか？

7 記憶に残りやすいか（忘れないか、すぐ思い出せるか）？

1 後に伝えることを強調したい

2 前が原因・理由となって後の結果・結論につなげたい

3 言い換えたり、まとめたりして、強調したい

4 予想とは逆の展開をしたい

5 話題や状況を転換したい

6 前のことを詳しく説明したい

7 比喩（メタファー）や例で、イメージを膨らませてもらいたい

8 その他

第4章
ブログ・メルマガの相棒になる
「超速！穴埋めテンプレート」

第 5 章

1枚のシートを埋めるだけ！ 共感が結果につながる

「超速！共感チャート」

第**6**章

新しい配信ネタが次々に湧いてくる

「超速！寄り添いマップ」

第**7**章 売れるランディングページが書ける 「超速！究極のLPテンプレート」

□ ターゲットの顧客が「まさに、私のことだ！」「絶対にそうなりたい！」
　　と、自分ごととして共感するか？

□ 顧客の痛みに寄り添った感情移入するストーリー性があるか？

□ 一般的な解決策は顧客の興味や関心を十分に引くか？

□ 商品による解決策は顧客のベネフィットにつながっているか？

□ 一般的な解決策を知ってもなお、また、似たような商品がある中で、
　　あえてあなたの商品を手にする価値はあるか？

□ 顧客の疑いや猜疑心を払拭できるか？

□ 競合他社と比べて、圧倒的に魅力的か？

□ 手に入れる／利用・導入する方法は、
　　具体的で簡単か（面倒に感じないか？）

□ オファーはシンプルでわかりやすく、顧客にとって魅力的か？

□ 最後の最後に、顧客の背中を押すことができているか？

□ 顧客の心理的負担（安心できない要素）・
　　購入しない理由を取り除けているか？

巻末付録

- -

知らないと損!? 文章が急に上手くなる

超速!
文章アップデート法

「手っ取り早く文章力をアップデートしたい!」

そんなご要望にお応えする「5 つの文章のコツ」と、文章に効く「5 つの心理効果」── 10 のアップデート法を知るだけで、あなたの文章はさらに伝わりやすくなります。

さらに、「文章量を半分にしつつ、伝える力をアップデートする方法」も書いています。

変化を感じると文章が楽しくなり、ますます上手くなっていきます。ピンときたものをひとつでも取り入れ、ぜひその変化を感じてみてください。

それでは早速、行きましょう!

知るだけで文章が上手くなる 「5つの文章のコツ」

1 主語を 「あなた」にする

2 「?」を乱用しない

3 1文は50文字以内

4 相手に負担を与えない

5 「説教」しない

　第1章では、「ダメな文章（ダメ文）」と「改善された文章」の具体的なビフォー・アフターを比較しながら、「読みやすい文章」の解説をしていきます。

　ビフォー・アフターは、違いのコントラストを出すために、ダメ文ポイントをオーバーに表現している部分もありますが、比較しながら、あなたの文章アップデートにお役立てください。

　では、次のページから具体的に解説していきます。

01 | 主語を「あなた」にする

Before　シチュエーション：SNSでの投稿　

 最近、重い腰を上げ、YouTube をはじめました！
ついに私も YouTuber デビューです。
わからないことはまだまだ多いですが、「○○」で初心者情報を検索しながら、楽しく収録していますよ。
視聴数が増えたり、チャンネル登録数が増えると、「次もがんばって動画投稿しよう！」というモチベーションアップになります。
よかったら、最新動画をご覧ください＾＾

After　

 最近、重い腰を上げ、ついに YouTube をはじめたのですが、
YouTube をされている方はいらっしゃいますか？
わからないことが多くても「○○」で検索すると初心者にありがたい情報がたくさんありますね。
視聴数やチャンネル登録数が増えるとうれしくなりますが、他にも動画投稿モチベーションアップのコツがありましたら、ぜひ教えてください。
よかったら、最新動画をご覧ください＾＾

ビフォーの文は、書いていないだけで、主語を入れてみると「私」だらけの文章です。

"私は" 最近、重い腰を上げ、YouTube をはじめました！
ついに "私も" YouTuber デビューです。
"私にとって" わからないことはまだまだ多いですが、「◯◯」で初心者情報を検索しながら、楽しく収録していますよ。
視聴数が増え、チャンネル登録数が増えると、「次もがんばって動画投稿しよう！」という "私の" モチベーションアップになります。
よかったら、最新動画をご覧ください ＾＾

どうでしょう、「私」すぎると読む気がなくなりませんか？

有名人やアイドルであれば、「私」すぎる文章でも需要がありますが、残念ながら多くの場合、自分視点の私すぎる文章は、読み心地のよい文章とは言えません。

改善ポイント

主語を「私」から「あなた」に換えたり、「読み手視点」に切り替えることで、相手に読まれやすく、届きやすい文章になります。

まずは1文だけでも、「私」が主語の文章を、「あなた」が主語の文章に換えてみると、その違いにきっと驚きます。

主語を置き換えるだけで新しい発想やアイデアが浮かんでくることもありますので、ゲーム感覚で楽しみながら、お試しください。

02 ｜「？」を乱用しない

Before シチュエーション：メール

先日は、ありがとうございました。
その後、いかがでしょうか？
実際にお試しいただいて、どちらのプランが良さそうでしょうか？
機能制限がありますが、リーズナブルにスタートできるＡプランでしょうか？
もしかしたら、すべての機能が使えるＢプランかもしれませんね。
御社のさらなる業務効率化のために、便利な機能や活用事例などをお話させていただけないでしょうか？
よろしければ、日程をいくつかいただければと思いますが、ご都合はいかがですか？？

After

先日は、ありがとうございました。
実際にお試しいただき、業務によく使う機能が絞られてきている頃かもしれませんね。
シンプルに比較すると、
Ａプラン：機能制限はあるがリーズナブルなプラン
Ｂプラン：すべての機能が使えるスタンダードプラン
となります。
御社のさらなる業務効率化のために、便利な機能や活用事例などをお話させていただくことを、ご検討いただけないでしょうか。
よろしければ、ご都合のよろしい日程をいくつかいただけますと幸いです。

ダメ文ポイント ➡ 「プレッシャー」が強すぎる

　ビフォーは、短い文章の中に「？」が５箇所もあります。

「？」が続くと、読み手は尋問されているような気分になり、不快感を覚えます。

　また「？？」のように「？」を重ねている文章を時々見かけますが、文字に敏感な人には、コーナーに追い詰められているようなプレッシャーを感じさせてしまいます。

　疑問形「？」は、読み手を引き込むための有効な手段ですが、多用しすぎないように気をつけましょう。

改善ポイント

　アフターのように「？」をひとつも使わなくても、同じことを伝えることができます。

「？」を使うと、「書き手は楽に書ける」というメリットがありますが、その分だけ読み手に負担をかけると思っておいたほうがよいです。

　また、「？」が乱用されている文章は、何を知りたいのかがあいまいになり、コミュニケーションギャップを起こしやすいリスクもあります。

03 | 1文は50文字以内

Before シチュエーション:ブログ

BAD

メルマガの解除や LINE でブロックされるとガックリきてしまい配信する
のが怖いという方が多く正直私も怖いのですが解除やブロックをあまり深
刻に捉えずに継続して読んでくれる読者さんに向けて一生懸命お伝えして
いければプラスのエネルギーに転換することもできますので配信が怖いと
思ったときは「まぁいいや次がんばろう」と気楽に考えることをオススメ
します。

After

GOOD

メルマガの解除や LINE でブロックされるとガックリきてしまいますよね。
正直、私も配信するのが怖かったので、その気持ちはよくわかります。
解除やブロックをあまり深刻に捉えずに、［継続して読んでくれる読者さん
に向けて一生懸命お伝えする］というプラスのエネルギーに転換すること
もできます。
配信が怖いと思ったときは「まぁいいや、次がんばろう」と気楽に考える
ことをオススメします。

ダメ文ポイント ➡「1文」が長すぎる

句読点や改行のない、文字の塊は読み手を疲れさせます。

日本人の多くは黙読するときにも、頭の中で音読していると言われています。句読点や改行が少ないと息つぎができず、息苦しくなることで、読み手が**離**れていってしまいます。

改善ポイント

ビフォーは、1文が169文字もあります。1文が長くなるとそれだけ伝わりにくい文章になります。そこで、できるかぎり1文が50文字を超えないように句点「。」を入れましょう。

基本は「1文＝1メッセージ（1文1意）」です。

あなたが書いた文章を音読したときの区切りや息づきをするところに、読点「、」あるいは改行を入れてみましょう。考えすぎると書きにくくなってしまいますので、いい意味でテキトーでOKです。

読みやすい、と思える文章に出会ったときには、そういったポイントも参考にすると、徐々にコツがつかめてきます。

04 ｜ 相手に負担を与えない

シチュエーション：Facebook／LINEメッセージ

こんにちは、○○です。
先日はお会いできてうれしかったです。
いろいろお話しさせていただき、ありがとうございました。
その際、話題になりました新商品がいよいよ販売開始になり、○○が○○
に改善すると、お客さまにもすごく喜んでもらっています。
きっと、○○さんにも気に入っていただける商品かもしれないなぁとふと
思い、メッセージさせてもらいました。
どうぞよろしくお願いいたします。

After

こんにちは、○○の会で名刺交換させてもらった○○をしている○○です。
先日はお会いできてうれしかったです。
とりわけ○○のお話がとても参考になりました。ありがとうございました。
その際、○○が○○に改善する新商品が話題になったのを覚えていらっしゃ
いますでしょうか？
あれから、いよいよ販売開始になり、お客さまにもすごく喜んでもらっています。
きっと、○○さんにも気に入っていただけると確信しておりますので、よ
ろしければモニターでご利用いただき、ご感想をいただけないでしょうか。
ご検討いただき、お返事いただけるとうれしいです。
どうぞよろしくお願いいたします。

　ビフォーの文章は、相手が新商品の話題について覚えていることが前提になっています。

　特に多くの人と同時に出会うパーティ後のメッセージでは、相手に覚えてもらっていることを前提にすると、コミュニケーションが難しくなることがあります。

　また、メッセージを受け取った側からすると、「よろしく」と言われても、いったいどう返信したらいいのか迷ってしまいます。
「相手に考えさせる」という負担が多いほど、その負担の数だけ関係性は薄れていきます。

改善ポイント

　アフターの文章では、冒頭の挨拶を少し詳しくするだけで、その日のイメージが思い出せるので、「誰だっけ？」と、あれこれ悩む必要がなくなります。そして、「いろいろ」とコピペでごまかせるあいまいさではなく「とりわけ」と具体的な内容があることで、さらに記憶が鮮明に蘇ってきます。

　その後、改めて商品について簡単な説明を加え、モニターとその感想について検討してもらい、お返事いただけるように、具体的に伝えています。

　ここまで盛り込む必要はありませんが、相手に余計な負担のないように考えて書いた想いや気遣いは、文章だけでも相手へ伝わっていきます。

05 | 「説教」しない

シチュエーション：ランディングページ

BAD

「どうしてできないの？！」「何回言ったらわかるの？！」「ちゃんとして？！」
子供が萎縮し、才能を伸ばせなくなる言葉を、あなたはついつい言っていませんか？ 特に時間に追われているときだと、そのような言葉を無意識に子供に浴びせてしまう方も多いです。子供も賢くて、いつも言われていると、その場しのぎでそれ以上言われないように行動するか、聞き流す技術を身につけるかして、ちっとも改善していきませんでした。
どうして、お子さんはできないのでしょうか？！
それは、どうやってやったらいいのかを、あなたが教えていないからです。

After

GOOD

「どうしてできないの？！」「何回言ったらわかるの？！」「ちゃんとして？！」
恥ずかしながら、実はこれ、私が、子供にぶつけていた言葉です。
子供が萎縮し、才能を伸ばせなくなるとは知らずに……。特に時間に追われているときに、無意識に浴びせていました。子供も賢くて、いつも言われていると、その場しのぎでそれ以上言われないように行動するか、聞き流す技術を身につけるかして、ちっとも改善していきませんでした。
どうして、子供はできなかったのか？！
それは、どうやってやったらいいのかを、私が教えていなかったからです。

ダメ文ポイント ➡ 「上から」すぎる

　何かを伝えるとき、「正しさ」はもちろん大切ですが、真実の言葉は、ときに人を傷つけ、攻撃する武器になります。

　例文は、子育て教材の販売ランディングページです。

　書き手（販売者）の立ち位置や立場、状況、キャラクターによっては、ビシッと伝えることが効果的に響く場合があるかもしれません。

　しかし、わざわざ説教をされてまで、何かを購入したいという人は少ないです。

改善ポイント

　説教じみた上から目線の文章にならないようにするためのひとつの方法は、NG例を自分の失敗談として語ることです。誰かの失敗談であれば、それを鏡にして、素直にメッセージを受け取りやすくなります。

　読み手に思いを寄せ、「その人の今のネガティブな状況が、もしどうしようもなかった結果だとしたら？」「相手は悪くないとしたら？」と考えてみると、相手を悪者にせずに、本来の伝えたいメッセージを届けることができるようになります。

文章に効く
「5つの心理効果」

1 プライマシー効果
（初頭効果）

2 リーセンシー効果
（最新効果／親近効果）

3 「見出し効果」

4 ツァイガルニック効果

5 ハロー効果

　ここからは、文章に効く「5つの心理効果」について書いていきます。カタカナが多いからといって、身構えることはありません。

　知ってみれば、あなたが日常で体験している「あるある」ばかりだからです。その状況を具体的にイメージしながら読み進めてください。

01 | プライマシー効果
（初頭効果）

　私たちは文章を読むとき、第一印象（最初に覚えた単語／最初に触れた単語）に大きな影響を受けています。

　これは「プライマシー効果（初頭効果）」と呼ばれる心理効果です。

　たとえば、ブログやメルマガなどでタイトル（件名）で興味を引くことができれば、「プライマシー効果」として、印象に強く残り、本文の精読率がアップします。

　逆に、タイトル（件名）で興味を持ってもらえなければ、本文を読んでもらえず、存在しないことと同じになってしまいます。

　ちなみに、本書を通じてあなたと出会うために重要な書籍タイトル『稼ぐ人の「超速！」文章術』は、『すぐ、書ける！』『文章作成の恋人』『あなたも即戦力になる80点の文章がすぐに書ける』など、50以上のタイトル案の中から「これしかない！」と決めたものです。

あなたの文章の第一印象を、読み手はどう感じますか？

「プライマシー効果」だけでも十分に効果的ですが、次の「リーセンシー効果」と組み合せることで、あなたの文章はさらに強力になります。

02 | リーセンシー効果
（最新効果／親近効果）

　私たちは、最新の情報（最後に触れた情報）からも影響を受けやすい（記憶しやすい／思い出しやすい）という特性があります。

　これを「リーセンシー効果（最新効果／親近効果）」といいます。

　たとえば、コンビニのレジで会計するとき、レジの前にガムが置いてあり、なんとなく買ってしまった経験はありませんか？　これも「リーセンシー効果」を活用したものです。

　SNS投稿などで、文章の最後にちょっとしたオチをもってくると、いいね！やコメント数が増えたり、ブログの最後に行動を促すひと言（※ベイビーステップ）があることで、読んで終わりにならない、読み手の行動につながる文章になります。

あなたの文章の読み終わりを、読み手はどう感じますか？

　応用として、あなたが仕事交渉のメールを出すときに、「プライマシー効果」「リーセンシー効果」の組み合わせを意識してみると、コミュニケーションは驚くほどスムーズになります。

　冒頭で、結論や要件を端的に伝えます（プライマシー効果）。そして、最後に、要件や依頼する内容を整理し、まとめて伝えます（リーセンシー効果）。

　それだけで、仮に長文であっても伝わる文章になり、さらに相手から見たあなたの印象は「デキる人」になるので、交渉も順調に進んでいきます。

※ベイビーステップ：第4章 P111 参照

03 │「見出し効果」

　これは心理効果ではありませんが、文章が長くなるときには、必ず「見出し」を設けましょう。書き手は隅々までじっくりと読んでほしい、読むはずだ、と思っていますが、読み方は人それぞれだからです。

　理想は「見出しだけを読んでも、6割くらいの内容が"なんとなく"わかる」ことです。忙しい現代人は文章をじっくり読む習慣がなくなってきています。だから、見出しだけである程度の内容が理解できれば効率的ですし、価値を感じれば、最初に戻ってじっくり読み直してもらえるものです。

　また見出しには、次の3つの効果があります。

1　読み手が要約した情報を最短時間で手に入れることができる
2　読み手の読むリズムができる（見出しが文字を読み続けるための箸休めになる）
3　書き手の頭の中が整理される（書き手の理解以上に読み手は絶対に理解できない）

　あなた文章には、本文を読み飛ばしてもある程度理解できる見出しがありますか？

04 | ツァイガルニック効果

「続きはCMのあとで！」

　と言われ、CMの後が気になって思わず見てしまった、という人は多いと思います。

　これは、「ツァイガルニック効果」が活用されている典型的な例です。

　人は完成されたものより、未完成のものに興味をひかれます。

　未解決の謎は、その解決策を求める人間の基本的な本能（好奇心）を刺激するともいえます。ポイントポイントで、次を読みたくなような「謎」をつくり、最後までリズムよく読んでもらう工夫をしてみましょう。

その文章、次を読みたくなりますか？

　文章を書くとき、この問いを意識してみてください。

　ここまでにご紹介した「4つの効果」をひとつでも試していただければ、読まれる文章になりますが、次の「ハロー効果」を意識することで、読まれるだけではなく、説得力のある文章になります。

　（この最後の1文も、ツァイガルニック効果の一例です。次を読みたくなりませんか？）

05 ｜ハロー効果

　ハロー効果の例としてわかりやすいのが、インフルエンサー。

　あなたも有名人がオススメしている商品を購入したことがあるかもしれません。

　購買行動に「口コミ」が大きく影響することからも、その効果がうかがえます。

　たとえば、興味がなかった人や本も、「NHKの番組で特集」、さらに「東大生にいちばん読まれた本」と言われれば、権威の力で説得力が増し、たちどころに前のめりになることがあります。

　そういった権威の力がない場合でも、ほんの少し具体的に書く意識を持つと、あなたの文章は説得力を増します。

　実は、抽象的なことは、書くのが楽なのです。だから、意識しないと、思わず「抽象的な表現」に流れてしまいます。

「なぜ？」「つまり？」「ということは？」と、自分の文章にツッコミを入れて、具体的にするクセを身につけると、文章説得力は日常的に磨かれていきます。

　あなたの文章には、読み手の「？」に答える説得力がありますか？

1 プライマシー効果（初頭効果）
2 リーセンシー効果（最新効果／親近効果）
3「見出し効果」
4 ツァイガルニック効果
5 ハロー効果

　ここまで、文章に効く「５つの心理効果」をお伝えしてきましたが、おそらくもっとも印象に残っているのは、「見出し効果」ではないでしょうか？

　「見出し効果」だけ、唯一カタカナではなく、さらに「」と太文字で目立つからです。

　このように、他の単語よりも目立っていることで、記憶に粘りつきやすくなる現象のことを「フォン・レストルフ効果」といいます。

　５つの中でも、「見出し効果」は、この後の章において特に重要になりますので、記憶にとどめていただくために、印象に残るようにしました。

文章量を半分にしつつ、伝える力をアップデート

この章の最後に、文章量が多くなってしまう人へのヒントをお伝えします。私が15年前に書いた文章を「ビフォー」として、まずお読みください（恥ずかしいので、ササーッと目を走らせるくらいで……）。

Before 320 文字

仕事のひと段落のとき、部屋を片付けたとき、誰かの役に立ったときなど、毎度毎度、些細なことでも自分を自分でほめてあげてみてください。
私はほめられるのが大好きです（＾＾）
嫌いな人はいませんよね！
具体的には、小さくても何か達成したときに、水を飲んだり、自分の肩をたたいてあげたり、ガッツポーズをしたりしてあげるといいみたいですよ。
そして、ここからが重要！！
それを自分へのご褒美＆ねぎらい（よくやった、お疲れさん）として意識することがすごく大切なのです！
どんどんどんどん勝ち癖になるそうですよ！！
これを毎日、何度も何度もやって習慣化していくと自分を信頼できるようになるんです。
自分への信頼……ズバリ！ 自信です！！
ほんとにお勧め！ ぜひお試しあれ。

【自信をつける方法】

あなたはほめられるのが好きですか？

私は大好きです ^^

ほんの小さなことでも、

何かを達成したときに、

自分の肩をポンポンとねぎらったり、

ガッツポーズを自分へのご褒美にすると、

それらが「勝ち癖」になります！

毎日の習慣にすると

" 自 " 分への " 信 " 頼──つまり［自信］に！

さて今日は、自分の何をほめますか？

いかがでしょうか？

　改善策として文章量を半分にしました。「伝わる内容は変わらない」という印象を持たれた人や「アフターのほうが読みやすいし、伝わりやすい！」という人もいるかもしれません。

　実は、文章を長くするよりも、長い文章を短くするほうが、高いスキルを必要とします。長い文章を書ける方から、文章を短くしたいというご相談をいただくことがあります。そんなときに私がお答えするのは、次の２つです。

1 誰かに読んでもらい、削ってもらう

　信頼のおける人に読んでもらい、バサバサと文章を削ってもらう。

　なぜ信頼の置ける人なのか？　それは、フィードバックをもらったときに素直に受け取りやすいからです。

2 普段からの小さなトレーニング

　文章を書き終わったあとに、

- 表現をシンプルにできないか
- 同じことを繰り返しすぎていないか
- 文章の目的から逸れた情報が多くないか

　など、普段からほんの少し意識することが、確実にあなたの力になります。

　文章を書いている途中ではなく、書き終わったあとを推奨しているのは、書きながらこのようなことを意識すると、考えすぎて手が動かなくなってしまうからです。

　実践が何よりあなたの文章アップデートを早めます。

　第2章の「SNS文章作成ゲーム」で、SNSの短めの文章から、ひとつでも取り入れ、その変化を感じてみてください。

10のアップデート法で、
人の文章にフィードバック

目安の時間
15〜20分

このワークはぜひ、複数人で取り組んでみてください。

1 過去に書いた文章をそれぞれ持ち寄る

SNSやブログ、メルマガ、社内文書など、なんでもいいので、それぞれが過去に書いた文章を、ひとつずつ持ち寄ります。

2 自分以外の文章を10のアップデート法でチェックし、赤ペンを入れる

人の文章へフィードバックすること自体が学びになります。

3 発表＆フィードバック

赤ペンでチェックした内容を発表する。他の人のチェックによる客観的なフィードバックには気づきがたくさんあります。発表の形式は、下記のように最初と最後をポジティブにすることで、受け取りやすい場の空気になります。

- ○○がよかった
- ○○でもっとよくなると思った
- ○○を自分の文章の参考にしようと思う

COLUMN

100点の文章は必要ない

　講座や講演などで「文章は得意ですか？」と質問すると8〜9割くらいの人が、文章は苦手だと答えます。

　その理由を突っ込んで聞いていくと、100点の文章を目指す完璧主義が、その苦手意識を作っている大きな理由であることがわかりました。

**　100点を目指さないでください。**
**　文章に完璧はありません。**

　準備万端になってから書こうとせず、まず先に書いてみる。

　すると、準備が整い、書きたいことが明確になってきます。

「完璧」という見えない敵と戦わず、いますぐ書き始めることが大切です。

「30％の完成度でOK！」と、自分自身に許可を出してあげてください。

　そして、肩の力を抜きながら、まずは書き終える。

　すると30％のたたき台を、50％→80％と完成度を高めていく作業は、とても楽しいプロセスになります。

5パターンの文章が自動で出てくる

超速！
SNS文章作成ゲーム

「よし書くぞっ！」

と、意気込んで机の前に座ること10分。
書いては消し、書いては消し、と1行目すら書けていない……。

もし、そんな "もどかしさ" を感じたことがあるのであれば、それは、あなただけに訪れる現実ではありません。

読まれる文章をスラスラと書くには、コツがあります。

5つの質問に答えるだけで、あなたのSNS投稿がさくっと自動で5パターン出てくる方法を、ゲーム感覚で試してみてください。

SNS投稿がさくっと自動で 5パターン出てくる方法

パターン1 **結論展開型**

パターン2 **感情巻き込み型**

パターン3 **主張つっぱり型**

パターン4 **キャラ展開型**

パターン5 **共感ストーリー型**

SNSに投稿する文章に悩まれている方は多いです。

　売り込みや紹介だけの投稿では、日に日に飽きられ、見られなくなってしまうのは明らか。夢中で読んでもらえる投稿を継続して配信したいけど、正直、大変……。そんなときには、本章で紹介する「超速！SNS文章作成ゲーム」をご活用いただくと、あなたの必勝パターンが見つかります。

　あなたは、これら5パターンの中から気に入ったものを選び、少し手を加えて、SNSにアップすればいいだけ。SNS投稿のストレスがすっかりなくなるどころか、5つのバリエーションから選べる楽しさで、投稿モチベーションが引き上がります。

　時間の目安は、3～5分。
　肩の力を抜いて、気軽に楽しみながら遊んでみてください。

<u>ステップ1</u>　**5つの質問に答える**

➡ 5つの質問には、それぞれに3つのヒントがあります。
　そのヒントに1つ以上答えて、思いつくものを書き留めます。

<u>ステップ2</u>　**5つのパターンに落とし込む**

　5つの質問の答えを組み合わせると（組み合わせの詳細はP55～参照）48ページにあげた5パターンの投稿が完成します！

とっておきの5つの質問

　1つの質問ごとに、付せんにメモしておくと便利です（付せん書きしたほうが便利な箇所は、付せんデザインで示しています）。

　直接的に3つのヒントに関係していないこと、あるいは、ヒントから連想されたことでも問題ありません。あまり縛られすぎずに、思い浮かんだことを書いていきましょう。数回やってみると勘どころがつかめてきます。

　頭の良い方だと、質問同士の関係性・関連性まで考えてしまいます。しかし、それぞれ別々の質問だと思って考えていった方が、最終的におもしろい文章になりますので、いい意味でテキトーに取り組んでください。

「題材」がないと考えにくいと思いますので、練習として、あなたが好きな映画・ドラマ・本・漫画・食べ物など、「あなたが好きなもの」を友人にお勧めするイメージで、思いついたことを書き留めていきましょう。

---

1 伝えたい1つのことは？

3つのヒント：[結論・確信・信念]

あなたが伝えたいことはズバリ ・・・・・・・・・・・・・・・・・・・・・（結論）

相手に「これだ！」と思ってもらえることは ・・・・・・・・・・・（確信）

あなたのゆずれないポリシーは ・・・・・・・・・・・・・・・・・・・・・（信念）

2 きっかけは？

3つのヒント：[共感・葛藤・ニュース]

相手が「そうそう／すごい！／へぇ」と、うなずくことは・・・（共感）
あなたが何かにぶつかり、迷ったことは・・・・・・・・・・・・・・・・・（葛藤）
相手が興味をもってくれそうな、あなたに起こった嬉しかったこと、
驚いたこと、気になったことは・・・・・・・・・・・・・・・・・・・・・（ニュース）

3 気づきは？

3つのヒント：[気づき・発見・知識・情報]

あなたが、ふと気がついたことは・・・・・・・・・・・・・・・・・・・（気づき）
相手のためになる、あなたが学んだことは・・・・・・・・・・・・・・（発見）
相手が知ると得する／自慢したくなることは・・・・・・・（知識・情報）

4 感情を言葉にすると？

3つのヒント：[叫び・つぶやき・ぼやき]

あなたが思わず叫びたいことは・・・・・・・・・・・・・・・・・・・・・・（叫び）
相手がぽろっと言ってしまいそうなことは・・・・・・・・・・・（つぶやき）
あなたの心の声は・・・・・・・・・・・・・・・・・・・・・・・・・・・・・・（ぼやき）

5 最後にひと言あるとしたら？

3つのヒント：[行動・問いかけ・オチ・ぶっちゃけ]

相手にしてほしい行動／問いかけがあるとしたら・・・・（行動・問い）
ひと言つけ加えるとしたら・・・・・・・・・・・・・・・・・・・・・・・・・（オチ）
本音の本音を言ってしまうと・・・・・・・・・・・・・・・・・・・（ぶっちゃけ）

とっておきの5つの質問

では、5つの質問の活用法をお伝えします。事例は、私が大好きな映画『マトリックス』で書いていきます。

事例文つくるために使用したヒントには、「☑」を入れています。

1 伝えたい1つのことは？

[**結論・確信・信念**]

☑ あなたが伝えたいことはズバリ・・・・・・・・・・・・・・・・・・・・・・・・・（結論）

☑ 相手に「これだ！」と思ってもらえることは・・・・・・・・・・・・（確信）

☐ あなたのゆずれないポリシーは・・・・・・・・・・・・・・・・・・・・・・・・（信念）

> ☑ したヒントからの例：
> マトリックスは、文章の教材になるエンターテイメント

2 きっかけは？

[**共感・葛藤・ニュース**]

☑ 相手が「そうそう／すごい！／へぇ」と、うなずくことは・・（共感）

☐ あなたが何かにぶつかり、迷ったことは・・・・・・・・・・・・・・・・・（葛藤）

☐ 相手が興味をもってくれそうな、あなたに起こった嬉しかったこと、
驚いたこと、気になったことは・・・・・・・・・・・・・・・・・・・・・・・（ニュース）

☑ したヒントからの例：
amazon プライムで観たい映画を見つけて、
時間がないのに思わず観てしまった

3 気づきは？

[気づき・発見・知識・情報]

☐ あなたが、ふと気がついたことは・・・・・・・・・・・・・・・・・・・・（気づき）

☑ 相手のためになる、あなたが学んだことは・・・・・・・・・・・・・（発見）

☐ 相手が知ると得する／自慢したくなることは・・・・・・（知識・情報）

☑ したヒントからの例：
ハリウッドのヒット映画の物語構成（ストーリー）には
共通の法則があり、文章にもそのまま使える

4 感情を言葉にすると？

[叫び・つぶやき・ぼやき]

☑ あなたが思わず叫びたいことは・・・・・・・・・・・・・・・・・・・・・（叫び）

☐ 相手がぽろっと言ってしまいそうなことは・・・・・・・・・・（つぶやき）

☐ あなたの心の声は・・・・・・・・・・・・・・・・・・・・・・・・・・・・（ぼやき）

☑ したヒントからの例：
マトリックス、まぢスゲーッ！　文章のヒント満載！

5 最後にひと言あるとしたら？

[行動・問いかけ・オチ・ぶっちゃけ]

☐ 相手にしてほしい行動／問いかけがあるとしたら
　　　　　　　　　　　　　　　　　　　　　　　　　　　　(行動・問いかけ)

☑ ひと言つけ加えるとしたら　・・・・・・・・・・・・・・・・・・・・・・・・・・・・・　(オチ)

☐ 本音の本音を言ってしまうと　・・・・・・・・・・・・・・・・・・・(ぶっちゃけ)

> ☑ したヒントからの例：
> 「どこが仕事に役立つだろう？」
> と自分に問いかけると遊びも学びになる

　勘の良いあなたは、すでにお気づきかもしれませんが、3つのヒントの主語には、「私」と「相手」が混ざっています。

　第1章でダメ文として紹介した "「私」すぎる" のように、主語が自分になりやすい人は、無意識で「私」のヒントを選びやすいので、ゲーム感覚で「相手」からはじまるヒントを選んでみてください。
　すると、これまでとは違った感触の文章が書けるようになり、あなたの文章の幅が広がります。

SNS投稿の必勝5パターン

　5つの質問に答えることで、文章のパーツができました。

　あとは、それらのパーツを組み合せながら、SNS投稿の文章にしていきます。各パターンは、「とっておきの5つの質問」を次のように組み合せると完成します。では、事例と合わせて一気に解説していきます。事例では、パーツの組み合わせがわかりやすいように、付せんの文章はほぼそのまま使用しています。

パターン1：結論展開型

質問1　伝えたい1つのことは？ ［ 結論・確信・信念 ］

質問2　きっかけは？ ［ 共感・葛藤・ニュース ］

質問3　気づきは？ ［ 気づき・発見・知識・情報 ］

> ─ 特 徴 ─
>
> 結論を先に伝えるパターン。結論に至るきっかけのストーリーがあることで、あなたの気づきが相手に届きやすくなる。冒頭の結論を、最後にあなたの気づきとして言い換えることで、より伝わりやすくなる。

パターン2：感情巻き込み型

質問4　感情を言葉にすると？ ［ 叫び・つぶやき・ぼやき ］

質問2　きっかけは？ ［ 共感・葛藤・ニュース ］

質問1　伝えたい1つのことは？ ［ 結論・確信・信念 ］

感情から伝えるパターン。その感情に至るきっかけのストーリーがあることで、その後に続く結論の説得力が増す。冒頭のエモーショナルな感情と、最後のロジカルな結論の対比で印象に残りやすい。

パターン3：主張つっぱり型

質問3　気づきは？［ 気づき・発見・知識・情報 ］

質問1　伝えたい１つのことは？［ 結論・確信・信念 ］

質問4　感情を言葉にすると？［ 叫び・つぶやき・ぼやき ］

気づきから伝えるパターン。気づきをそのまま結論につなげ、最後は、感情の声で相手に響かせることで、多少論理的に整っていなくても、つっぱり通せる力強さがある。

パターン4：キャラ展開型

質問5　最後にひと言あるとしたら？［ 行動・問いかけ・オチ・ぶっちゃけ ］

質問3　気づきは？［ 気づき・発見・知識・情報 ］

質問2　きっかけは？［ 共感・葛藤・ニュース ］

質問1　伝えたい１つのことは？［ 結論・確信・信念 ］

素直なひと言から伝えるパターン。そこから気づき→きっかけと展開し、最後に結論を伝えることで、あなたのキャラや個性を活かしながら、相手に届けることができる。

パターン5：共感ストーリー型

質問2　きっかけは？ ［ 共感・葛藤・ニュース ］

質問3　気づきは？ ［ 気づき・発見・知識・情報 ］

質問1　伝えたい１つのことは？ ［ 結論・確信・信念 ］

質問4　感情を言葉にすると？ ［ 叫び・つぶやき・ぼやき ］

質問5　最後にひと言あるとしたら？ ［ 行動・問いかけ・オチ・ぶっちゃけ ］

特徴

共感されるきっかけから伝えるパターン。そこから気づき→結論と展開し、最後に感情からオチにつなげていく。最後にひと言のオチがあると、読み心地がよく、いいね！やコメントが増えやすくなる。

　こういった順番に並び替えていきながら、気に入ったパターンをピックアップしてみましょう。そして、それぞれのパーツを馴染ませながら、ひとつの文章にしていくと、あっと間にあなたのSNS投稿が出来上がります。

　上記の５パターン以外の組み合せも、もちろんありますが、まずは型から入ることをお勧めします。

　試せば試すほど、型がなくても自然に書けるようになっていきますので、面倒に感じたり、窮屈に思うこともあるかもしれませんが、まずは３回試してみてください。

　次のページ以降、質問の答えを組み合わせた文章を紹介しています。

SNS投稿の必勝5パターン

パターン1:結論展開型

質問1 伝えたい1つのことは？［結論・確信・信念］

> マトリックスは、文章の教材になるエンターテイメント

質問2 きっかけは？［共感・葛藤・ニュース］

> amazon プライムで観たい映画を見つけて、
> 時間がないのに思わず観てしまった

質問3 気づきは？［気づき・発見・知識・情報］

> ハリウッドのヒット映画の物語構成（ストーリー）には
> 共通の法則があり、文章にもそのまま使える

パーツを文章化

マトリックスは、文章の教材になるエンターテイメントなんです。

amazon プライムでマトリックスと目が合って、時間がないのに思わず観てしまったのですが、

実は、マトリックスだけではなく、ハリウッドのヒット映画の物語構成（ストーリー）には共通の法則があり、文章にもそのまま使えることに気づいてしまいました！　……こういった切り口で映画をいっしょに語ってくれる人、募集中です（笑）

パターン2：感情巻き込み型

質問4　感情を言葉にすると？［ 叫び・つぶやき・ぼやき ］

「マトリックス、まぢスゲーッ！　文章のヒント満載！」

質問2　きっかけは？［ 共感・葛藤・ニュース ］

amazon プライムで観たい映画を見つけて、
時間がないのに思わず観てしまった

質問1　伝えたい1つのことは？［ 結論・確信・信念 ］

マトリックスは、文章の教材になるエンターテイメント

パーツを文章化

「マトリックス、まぢスゲーッ！　文章のヒント満載！」

amazon プライムで時間がないのに思わずマトリックスを観てしまいました。だが、今回は自分の意志の弱さをほめてあげたい。いや〜、観てよかった。

なぜなら、マトリックスが、文章の教材になるエンターテイメントだと確信できたからです。

パターン3：主張つっぱり型

質問3　気づきは？［気づき・発見・知識・情報］

ハリウッドのヒット映画の物語構成（ストーリー）には
共通の法則があり、文章にもそのまま使える

質問1　伝えたい1つのことは？［結論・確信・信念］

マトリックスは、文章の教材になるエンターテイメント

質問4　感情を言葉にすると？［叫び・つぶやき・ぼやき］

「マトリックス、まぢスゲーッ！　文章のヒント満載！」

パーツを文章化

 ハリウッドのヒット映画の物語構成（ストーリー）には共通の法則があり、文章にもそのまま使えるって知っていましたか？

その視点で考えてみると、マトリックスは、文章の教材になるエンターテイメントなんです。

「マトリックス、まぢスゲーッ！　文章のヒント満載！」

ここまでに、３つの質問の答えを組み合わせた文章構成として、次の３つのパターンをみてきました。

パターン１：結論展開型
パターン２：感情巻き込み型
パターン３：主張つっぱり型

「何を書こうか？」と漠然とした質問を自分に投げかけるよりも、「とっておきの５つの質問」のような具体的な小さな質問を持っておくと、発想が浮かびやすくなります。
　そして、パッと思いついたことは、同じようにパッと消えてなくなり思い出せなくなってしまいますので、思いついたときにスマホなどにメモしておく習慣をつけてください。
　そういった日頃からのメモは、最高のネタ帳になり、机に向かったときにスラスラと書けるようになります。また、まったく関連なく書いたメモのアイデアが、ひとつにまとまったときに化学反応が起こり、面白い投稿になることも多いです。

　ここからは４つ、そして５つのパーツ（質問の答え）全部を組み込んだパターンを紹介していきます。

パターン４：キャラ展開型
パターン５：共感ストーリー型

　パーツが増えると複雑に感じるという方は、ここまでの３つのパターンで、まずは文章構成の入れ替えに慣れてみてください。

パターン4:キャラ展開型

質問5　最後にひと言あるとしたら？ ［行動・問い・オチ・ぶっちゃけ］

「どこが仕事に役立つだろう？」
と自分に問いかけると遊びも学びになる

質問3　気づきは？ ［気づき・発見・知識・情報］

ハリウッドのヒット映画の物語構成（ストーリー）には
共通の法則があり、文章にもそのまま使える

質問2　きっかけは？ ［共感・葛藤・ニュース］

amazonプライムで観たい映画を見つけて、
時間がないのに思わず観てしまった

質問1　伝えたい1つのことは？ ［結論・確信・信念］

マトリックスは、文章の教材になるエンターテイメントだ

パーツを文章化

「どこが仕事に役立つだろう？」と自分に問いかけると遊びも学びになりますよね。
その問いかけで昨日は、ハリウッドのヒット映画の物語構成（ストーリー）には共通の法則があり、文章にもそのまま使えることに気がつきました。
amazonプライムでマトリックスを見つけて、時間がないのに思わず観てしまったことがきっかけで、
［マトリックスは文章の教材になるエンターテイメントだ］という結論に至った詳細は、こちら（ブログ）からどうぞ！
URL URL URL URL URL URL URL URL

パターン5:共感ストーリー型

質問2　きっかけは？[共感・葛藤・ニュース]

amazon プライムで観たい映画を見つけて、
時間がないのに思わず観てしまった

質問3　気づきは？[気づき・発見・知識・情報]

ハリウッドのヒット映画の物語構成（ストーリー）には
共通の法則があり、文章にもそのまま使える

質問1　伝えたい1つのことは？[結論・確信・信念]

マトリックスは、文章の教材になるエンターテイメントだ

質問4　感情を言葉にすると？[叫び・つぶやき・ぼやき]

「マトリックス、まぢスゲーッ！　文章のヒント満載！」

質問5　最後にひと言あるとしたら？[行動・問い・オチ・ぶっちゃけ]

「どこが仕事に役立つだろう？」
と自分に問いかけると遊びも学びになる

パーツを文章化

amazon プライムで、観たい映画を見つけて、時間がないのに思
わず観てしまうことないですか？（私はしょっちゅう……）
今日、4回目のマトリックスを観て、ハリウッドのヒット映画の
物語構成（ストーリー）には共通の法則があり、文章にもそのま
ま使えることがわかってしまったんです。
ひと言で言ってしまえば、マトリックスは、文章の教材になるエ
ンターテイメント！「マトリックス、まぢスゲーッ！　文章のヒ
ント満載！」
「どこが仕事に役立つだろう？」と自分に問いかけると遊びも学び
になるものですね。

SNS文章作成ゲームは、
アイデア発想装置

いかがだったでしょうか？

5つのパターンは、パーツの伝える順番──「文章構成」を変えることで生み出されたバリエーションです。

並び替えただけ、と言ってしまえばそれまでですが、こうしていくつもの文章パターンを見ることで、まったく新しいアイデアや、別の切り口、今まで思いつかなかった発想が思い浮かんできます。

つまり、別の角度から捉えてみると、このゲームは、アイデア発想装置としてもご活用いただけるということです。

特に、つながりにくいパーツがあったらチャンス！

それらのパーツ同士が、どうすればスムーズにつながるかを考えることで、新しい発想が生まれてくるからです。

最後に、ここまでのことが、あっさりと出来てしまう、とっておきのツールをご紹介させていただきます。

LINE で自動的に5パターンの文章が抽出できる「超速！SNS 文章作成ゲーム」（無料）のリンクを巻末付録に掲載しています。ぜひ、こちらもご活用ください。

「継続」して情報配信できる
仕組み構築の3つのヒント

「ザイアンスの法則」をご存知でしょうか？

　繰り返し接すると好意度や印象が高まるという、「単純接触効果」のことです。1968年、アメリカの心理学者ロバート・ザイアンスが論文にまとめ、知られるようになりました。

「継続」して情報配信することができれば、単純接触効果も味方をして、あなたの影響力は大きくなっていきます。

　しかし、おそらく90％以上の人は、継続して情報配信をすることができません。更新されていないSNSやブログが星の数ほどあることだけでも、その現実が浮き彫りになります。

「継続して情報配信するだけでトップ10％に入れるのだから、情報配信を続けよう！」という気合いが続くのは、残念ながらせいぜい2週間。

　では、どうすれば続けられるのでしょうか？
　そのためには、モチベーションを保ち続けるための「仕組み」を創ることが突破口になります。
　内発的な動機となるモチベーションをキープできれば、「継続」した情報配信ができるようになります。そのための3つのヒントをお伝えします。

1 ストレスなく情報配信ができる環境をつくる

　SNSやブログをアップするときに、ログイン情報を調べたり、アプリを探したり、というひと手間があるだけで、モチベーションが消耗し、継続する難易度が上がります。

　目指すのは、「文章を書けばいいだけの状態」。記事をアップする物理的なつまずきが少しでもあると、小さなストレスが積み重なり、だんだんと書くことから遠ざかってしまいます。SNSの投稿であれば、スマホやPCに、次のような工夫をしてみてください。

　[スマホ]文章作成アプリをトップの目立つところに置く
　[PC]文章作成ツールをブックマークに入れるなど、すぐにアクセスできるようにする

といった小さな工夫が、あなたの継続を後押ししてくれます。

2 はじめのうちは、質より量で勝負する

　渾身の投稿がまったく反応されないこともあれば、思いつきで気軽に書いた投稿がヒットすることもあります。答えはあなたにではなく、相手（市場）にあるので、その感覚をいち早く身につけることが大切です。「数撃ちゃ当たる」ではないですが、投稿数というシンプルな経験値を積むことで、あなたの投稿の質は自然と高まっていきます。

3 「いいね！」やコメント数を気にしない

　実は、これがいちばん難しいかもしれません（こんなことを書きなが

らも、私もつい気にしてしまいます）。

　そんなときには、【反応されること以外の目的】を持ちましょう。

　たとえば、投稿することで、

● 思考が整理される
● 書く力を引き上げるトレーニングになる
● 備忘録やライフログになる

　といった目的です。

　ちなみに、私は、日々書いたことが書籍を書くときのネタになることを、大きな目的にしています。

　以上、モチベーションを保つための３つのヒントをお伝えしましたが、これらは、あくまで、私がモチベーションが保てる方法ですので、すべての方に当てはまるわけではありません。

　大切なことは、「あなたがモチベーション高く、継続して情報配信するには、どうすればいいか？」を考え、仕組み化することです。

　仕組み構築に時間を使うことは、ムダではなく、長期的にとても生産的な時間になります。

　ぜひ、あなたの物理的・精神的負担を減らしながら、「継続」する仕組みづくりのために、頭に汗をかいてみてください。

　次の第３章でご紹介する、「小手先だけど効果絶大の文章テクニック」を使うと、さらに結果がでやすくなりますので、それも継続モチベーションになると思います。

超速！SNS文章作成ゲーム

1 SNS投稿のための「お題」を決める

参加者が書きたくなるSNS投稿のお題を決めます。

お題の例：好きな映画・ドラマ・本・漫画・食べ物について

2 それぞれがSNS投稿をつくる

各自が「SNS文章作成ゲーム」で5パターンの投稿をつくり、その中からひとつ選びます。

※巻末付録にある、LINEの「SNS文章作成ゲーム（無料）」を使うと、スマホだけでワークができるので便利です

3 発表＆フィードバック

各自が選んだ投稿内容を発表し、発表が終わったらお互いにポジティブなフィードバックを行います。

（ゲームで作った文章の骨格に肉付けしながら、1人30秒〜1分程度で発表する）

COLUMN

「SNSなら無料で集客できる！」と期待して活用されている方は多いです。

　しかし、無料である反面、フォロワー数やSNSのアルゴリズムによって、その投稿がタイムラインにどれくらい表示されるか、つまり、どれくらいの人の目に触れるかをコントロールしづらいという側面もあります。

　SNS投稿自体は、継続することで、スキルアップや市場感覚を肌で感じることができますし、ブランディング（自分の価値向上）にもつながりますので、少しどっしりと構え、中長期的な視点でぜひ取り組んでください。

　そういった普段の投稿とは別に、ビジネスで狙って結果を出したい、時間を短縮して売上につなげたい、という場合には「広告」が有効です。

「いやいや、SNSは無料なのに、広告を使ったらお金がかかるでしょ」と思われる気持ち、よくわかります（私も以前はそっち派だったので）。

　しかし、時間と労力をお金で買う、と考えればビジネス的に持っておくべき選択肢です。

　たとえば、この切り口はSNSでヒットするのか？　と悶々と考え続けたり、あれこれ試行錯誤する時間と労力を、広告というお金を使った短時間で結果がわかるテストマーケティングでショートカットすることもできます。

第3章

小手先だけど効果絶大！ スラスラ読まれるようになる

超速！
文章テクニック

最後まで読んでもらえない。

心を込めて書いた、我が子のような文章ほど、この悲しみは大きくなります。

この章では、ちょっとしたコツで、あなたの文章がドレスアップされ、スラスラと最後まで読まれるようになる方法を、次の３つのトピックでお伝えしていきます。

・らくちん！ 穴埋めキャッチコピー 369
・文章を変えずに読まれるようになる、たったひとつの方法
・「接続詞」だけで、文章は劇的に上手くなる！ 定番ワード 56

あなたの文章が、ぐっと躍動しはじめますので、その変化を期待しながら、まずはどれかひとつでも、取り入れてみてください。

らくちん！ 穴埋め
キャッチコピー369

キャッチコピーは、考えてはいけません。

なぜなら、雑誌やテレビ、電車の中吊り広告や看板、ウェブページなど、考え抜かれたキャッチコピーがいたるところにあふれているからです。

そこで私があなたの代わりに、街中を歩き回って集めてきた369個のキャッチコピーを穴埋め形式にして、すぐに使えるようにしました。

あなたはそれらを穴埋めすることで、探し回る時間と手間をショートカットしながら、すばやくキャッチなコピーをつくれるようになります。

たとえば、穴埋めキャッチコピーの「○○、これはいい」を、第2章のSNS投稿例のタイトルに使えば、下記のようになります。

【マトリックス、これは文章にいい！】

ハリウッドのヒット映画の物語構成（ストーリー）には共通の法則があり、文章にもそのまま使えるって知っていましたか？

その視点で考えてみると、マトリックスは、文章の教材になるエンターテイメントなんです。

「マトリックス、まぢスゲーッ！　文章のヒント満載！」

穴埋めキャッチコピーは、こうしたSNSやブログ、メルマガのタイトル（件名）に、まずはわかりやすく活用できます。それ以外にも、特に長い文章では「見出し」に効果を発揮します。

　ウェブサイトのユーザビリティ（使いやすさ）研究の第一人者ヤコブ・ニールセン博士の分析結果には、ユーザーが読むテキスト量は、多くても全体の28％にすぎず、現実的には20％程度とあります。

　しかも、これは2008年の調査結果ですので、刻々と情報が増えている今、長い文章がさらに読まれにくくなっているのは、あなた自身の読み方の変化を思い返してもらえれば、すぐにピンとくるはずです。

　つまり、情報爆発時代においては、長い文章になればなるほど、まずは見出しだけを読み、なんとなくの理解で価値を感じてはじめて、最初から読み直す──そんな人が多いということです。

　そうした現実をなげく前に、あなたがすることは、見出しだけで魅力を感じてもらうこと。
　それにより読まれる確率は飛躍的に上がります。
　そう考えると、本文と同じくらい、あるいはそれ以上に、見出しが重要だと言っても言い過ぎではありません。

　見出しは文章内でのキャッチコピーの役割をはたします。実は、本書の見出しや本文には、あなたに読み進めてもらうために、穴埋めキャッチコピーを当てはめています。

　ここまでに活用した9個の穴埋めキャッチコピーを具体例に、解説付

きでご紹介していきます。

　具体例と解説で活用イメージができたところで、巻末付録に掲載している、369個の「穴埋めキャッチコピー」一覧をご覧いただければ、あなたもバリエーションに飛んだキャッチコピーを次々に生み出せるようになります。

　また、369個のすべてを解説付きで閲覧できる、便利な「スマホアプリ（無料）」もご用意していますので、そちらも合わせてご活用ください（こちらも巻末付録に掲載）。

本書で活用した9つの穴埋めキャッチコピー

1「○○は可能か？」

2「○○ VS ●●」

3「目指しているのは、○○」

4「知らないと損する○○」

5「●●すぎる○○」

6「とっておきの○○」

7「○○の必勝パターン」

8「らくちん○○」

9「○○するだけで●●になる」

「○○は可能か？」

- -

穴埋めキャッチコピーを効果的に活用するための解説

- 一見不可能と思えることに可能性を見出す
- 可能になる切り口を考えることが突破口になる

サンプルキャッチコピー

「素人が３ヵ月でＣＤデビューすることは可能か？」

「普通に食べて痩せることは可能か？」

「趣味をビジネスにすることは可能だろうか？」

➡ 不可能と思えることを可能にできるとしたら…？と考えてみてください

> 本書内事例　はじめに（P2）より
> 文章が、誰でも、確実に、上手くなることは可能か？

○○ VS ●●

- -

穴埋めキャッチコピーを効果的に活用するための解説

- 対比することで、どちらも際立つ
- ２つのコントラストが強いほど、訴求力が増す

サンプルキャッチコピー

「禁煙 vs 禁酒　どちらが成功する？」

「食べる vs 食べない　どっちが痩せたか」

「MBAvs 商店街のおやじ　壮絶バトル」

➡ 両極端な対立構造があるとしたら…？と考えてみてください

> 本書内事例　はじめに（P4）より
> SNS から売れる文章までを、「上手く書く」vs「速く書く」

「目指しているのは、○○」

穴埋めキャッチコピーを効果的に活用するための解説
- ●ビジョンを掲げると軸ができる
- ●軸が磁力を持ちはじめると、ビジョンが実現する

サンプルキャッチコピー

「目指しているのは、幸せ」

「目指しているのは、綺麗に痩せる」

「目指しているのは、楽しいビジネス」

➡ あなたが目指しているのは…？と考えてみてください

> **本書内事例　はじめに（P6）より**
> 目指したのは「新入社員研修テキスト」です。

「知らないと損する○○」

穴埋めキャッチコピーを効果的に活用するための解説
- ●誰でも損はしたくない
- ●むしろ、得をするより損をしたくない

サンプルキャッチコピー

「知らないと損する医療保険」

「知らないと損するネット通販のコツ」

「知らないと損する売上を上げる WEB の使い方」

➡ 損したくないことがあるとしたら…？と考えてみてください

> **本書内事例：第1章タイトル**
> 知らないと損⁉ 文章が急に上手くなる「超速！文章アップデート法」

「●●すぎる○○」

穴埋めキャッチコピーを効果的に活用するための解説

- 形容詞を一気に強めることで○○の価値を高める
- 簡単に応用できるので使いやすい

サンプルキャッチコピー

「オモシロすぎるオンラインゲーム」

「痩せすぎるダイエット法!?」

「美しすぎるビジネスモデル」

➡ あなたの美しすぎるこだわりは…？と考えてみてください

> 本書内事例　第1章 5つの文章のコツ（P25）より
> 「私」すぎる

「とっておきの○○」

穴埋めキャッチコピーを効果的に活用するための解説

- 本当はだれにも教えたくないことを公開する
- 放出すれば、新しいものが流れ込んでくる

サンプルキャッチコピー

「とっておきの高級スーツ」

「とっておきの勝負料理」

「とっておき！秘蔵特典あげます」

➡ あなたが本当は教えたくないことは…？と考えてみてください

> 本書内事例　第2章 見出し（P50）より
> とっておきの5つの質問

「○○の必勝パターン」

穴埋めキャッチコピーを効果的に活用するための解説
- 必勝するためのパターンがあるなら知っておきたい
- 勝つための共通点（パターン）を見出してみよう

サンプルキャッチコピー

「旅行を楽しむ必勝パターン」

「モテるダイエットの必勝パターン」

「売上アップの必勝パターン」

➡ あなたの必勝パターンは…？と考えてみてください

> 本書内事例　第2章 見出し（P55）より
> SNS 投稿の必勝5パターン

「らくちん○○」

穴埋めキャッチコピーを効果的に活用するための解説

「面倒だなぁ」と、どうしても後回しにしてしまうようなことが、らくちんになるとみんな嬉しい

サンプルキャッチコピー

「スマートフォンらくちん一発設定」

「らくちんダイエット2020」

「らくちん財務諸表」

➡ らくちんにしてあげられることがあるとしたら…？と考えてみてください

> 本書内事例：第3章 見出し（P72）より
> らくちん！ 穴埋めキャッチコピー369

「○○するだけで●●になる」

穴埋めキャッチコピーを効果的に活用するための解説

　○○には簡単にできそうだと感じること、●●には相手のベネフィット（メリット）を入れる。両者にギャップがあるほど訴求力は高まる

サンプルキャッチコピー

「毎日絵を描くだけで天才になる」

「スマホをガラケーにするだけで健康になれる」

「あるワードを入れるだけで、売れる！」

➡ 意外な組み合せがあるとしたら…？と考えてみてください

> 本書内事例：第3章 見出し（P97）より
> 「接続詞」だけで、文章は劇的に上手くなる！

何かいいキャッチコピーは
ないか？ そんなときの活用法

　以上、ご紹介してきた穴埋めキャッチコピーは、穴埋めするだけでそのままキャッチコピーになりますが、それだけでなく、キャッチコピーの発想を広げるリストとしても活用いただけます。

　サンプルキャッチコピーや本書内事例をみてもわかるように、ときに穴埋めキャッチコピーを変形させて、キャッチコピーを生み出すことができるのです。

　まったくのゼロからキャッチコピーを考えるのは、なかなか苦しい作業です。しかし、取っかかりとなるヒントがあるだけで、発想がわいてくるようになります。

　「何かいいキャッチコピー思いつかないかなぁ」というときには、巻末付録に掲載している、369個の「穴埋めキャッチコピー」一覧を眺めてください。

　きっと、ぴったりのキャッチコピーがあなたにやってきます。

「ネーミング」は
キャッチコピーの最高峰

キャッチコピーの最高峰は「ネーミング」ではないでしょうか？

コンビニでは、毎年約5000点もの新商品が発売されるそうです。

すべての商品がそのまま棚に残り続けたら、あっという間にコンビニは商品であふれかえってしまいます。

しかし、実際には各店舗に常時平均3000点の商品しか置かれていないことを考えると、まったく数字が合いません。

実は、新商品のうちのほとんどが、2週間ほどで棚から消えてしまうのです。その理由は、そしてそのような熾烈な生き残り競争を勝ち抜く一番の要因は「ネーミング」だと言われています。

ネーミングを変えることでヒットした商品は、いくつもあります。

CASE
01

お～い、お茶

有名な事例としては「お～い、お茶」。1984年に伊藤園が発売した、世界初の缶入り緑茶です。「お～い、お茶」になる前の名前をご存知でしょうか？

変更前のネーミングは……、「缶入り煎茶」。

開発におよそ10年かけて発売したものの、残念ながら、「缶入り煎茶」はヒットしませんでした。その後、「お～い、お茶」にネーミングが変更されると、初年度の売上高は「缶入り煎茶」初年度の6倍強になる大ヒット。今では緑茶飲料の圧倒的シェアを獲得しています。

通勤快足

　1981年に、レナウンから発売された「フレッシュライフ」。

　いったい何の商品かわかりますか？　紳士用の抗菌防臭靴下なのですが、ネーミングを変更してから、売上げはなんと34倍になりました！

　そのネーミングこそが……「通勤快足」。

　通勤「快速」をもじって、通勤「快足」としたのです。誰がどのように使うのか？　また、通勤が快適になるというイメージが一瞬で広がる、たった4文字の優れたネーミングです。

鼻セレブ

　1996年に、王子ネピアから、発売された「モイスチャーティッシュ」。特に、花粉症の時期には、大変重宝する保湿ティシュです。

　こちらのネーミングを高級イメージに切り替えようと「鼻セレブ」に改名したとたん、売上げは前年比3割アップ。最終的には、売上げが4倍にもなったそうです。

刺さるネーミングの
7つのチェックポイント

「売れるか売れないか」「口コミされるかされないか」「長く愛されるかされないか」はネーミングに大きく左右されます。

　このすべての要素がギューーッとひと言に結晶化されていると考えると、ネーミングはとても奥深いです。

　私が、ネーミングを"チェック"するときには、以下の7つの項目から考えます。

1　わかりやすいか？（直感的にわかるか？）

2　口に出しやすいか？
　　（発音してみて語感がよいか、人に言いたくなるか？）

3　機能や効果を想起しやすいか？

4　共感・親しみがわくか？

5　省略しやすいか？

6　コンセプトを表しているか？

7　記憶に残りやすいか（忘れないか、すぐ思い出せるか）？

　リアルな事例があると記憶に残りますので、ネーミング例を交えながら、それぞれ解説していきます。

1 わかりやすいか？（直感的にわかるか？）

　エンパシーライティングは、開発当時「66ライティング」とネーミングしていました。6マスの「6」をかけて、6 × 6 ＝36　つまり、360°全方位の人に向けてメッセージを配信できるように……という意味を込めていました。当時は「かっこいい！　最高にクールじゃん！」と思っていたのですが、今考えると、だ、ダサいですね（汗）。

「66ライティング」のままだったら、今どうなっていたのか？　想像するのも怖いです。

2 口に出しやすいか？
（発音してみて語感がよいか、人に言いたくなるか？）

「66ライティング」の次は、「Sixth Sense Writing」というネーミングでした。エンパシーライティングは、実は三代目のネーミングなのです。

　チャートを描いていくだけで、魔法のように共感される文章ができていく――それはまるで、第6感的なところからメッセージが降りてくるような不思議な感覚という意味が「Sixth Sense Writing」に込められていました。

　こちらのネーミングも気に入っていたのですが、「日本人には発音しづらい音がある（thの発音）」という問題がありました。

3 機能や効果を想起しやすいか？

「ピーチかぶ」。

　それは、Oisix（おいしっくす）ユーザーが選ぶ「農家オブザイヤー」を4年連続受賞した実績がある根強い人気商品ですが、絶妙なネーミン

グです。甘くて美味しそうな、かぶのイメージがぱっと広がりませんか?

　Oisix は、他にも「蜜トマト」や「栗じゃがいも」、「トロなす」など、独自のネーミングでファンを増やしています。そのとても上手なネーミングは大変参考になります。

4　共感・親しみがわくか?

　私の好物、「チョコモナカジャンボ」。

　チョコの甘さと、モナカの懐かしさ。そして、ジャンボという少年ゴコロをくすぐるネーミングに、思わず手が伸びてしまいます。もはや、友だちのような親しみと共感を覚えるネーミングです。

　あなたが長年好きなものも、共感・親しみのあるネーミングがされていませんか?

5　省略しやすいか?

　商品などの名前を省略するときは、人によって呼び方が変わる省略ではなく、誰が省略しても同じ呼び名になる方が愛されやすいです。「エンパシーライティング」は、「エンパシー」と省略されます。

　派生形としては、エンパシる(エンパシーチャートを描くこと)、エアーエンパシー(お客さま対応など、頭の中でエンパシーチャートを描くこと)があります。

6 コンセプトを表しているか？

　千葉県松戸市の「すぐやる課」をご存知でしょうか？

　普通なら「住民相談課」のようになるところ、反応が鈍いお役所仕事の追放を目指し、松戸市に昭和４４年に作られたのが「すぐやる課」です。誰がきいても、そのコンセプトがすぐに理解できる素晴らしいネーミングです。

　ちなみに、「すぐやる課」の生みの親は、ドラッグストア「マツモトキヨシ」創業者で、市政改革に取り組んだ当時の松本清市長でした。

7 記憶に残りやすいか（忘れないか、すぐ思い出せるか）？

　篠原涼子さんのヒット曲に『愛しさとせつなさと心強さと』というタイトルがあります。

　一見覚えにくそうな曲名ですが、何だか覚えたくなる言葉の組み合わせと、口にしたときの語感の気持ちよさで、私と同じ年代の方であれば、記憶に焼きついているのではないでしょうか。

ネーミングをつくるコツ

　ここまで７つのチェックポイントをお伝えしましたが、ネーミングは
これらのチェックポイントから考えはじめないでください。

1　まず、ネーミングを考えてみる（直感）
2　その後で、浮かんだネーミングをチェックするために、７つのチェック
　　ポイントを使う（論理）

という順番がネーミングをつくるプロセスとしてお勧めです。

　なぜなら、共感は論理の積み上げからだと生まれにくいからです。

　直感や感性から生まれたネーミング（原石）を、論理に当てはめたり、
説明しようしたりとする過程で、原石は磨かれて、ダイヤモンドの輝き
をもつようになります。

　また、ネーミングがしっくりくるまでには時間がかかることがありま
す。時間とともにだんだんと体に馴染んで浸透していくネーミングもあ
りますので、寝かしておく時間も大切です。

　ちなみに、今では、「"エンパシー"という言葉に惹かれて講座に参加
しました！」という方がいらっしゃるほどの力を持っているネーミング
だと感じていますが、先に書いたように「エンパシーライティング」は
３代目のネーミングです。「これで行こう！」と確信を持つまでに、半年
の時間が必要でした。

文章を変えずに読まれるようになる、たったひとつの方法

　あなたの配信する情報が読まれ、影響力を持つためには、「誰に」「何を」「継続」して伝えるか、という3つの要素を明確にすることが重要です。

「誰に」×「何を」×「継続」＝あなたの情報配信の影響力

　掛け算なので、どれかひとつの要素だけでも明確にしていけば、「あなたの情報配信の影響力」は高まります。

　「何を伝えるか」については、伝えたい多くの情報をすでにお持ちの方も多いと思いますし、第6章『「寄り添いマップ3.0」から出たふせんが新しい配信ネタになる』（P189参照）もご参考いただけます。

　「継続した情報配信」については、本書の内容をつまみ食い活用するだけでも、速くて上手い文章の両立が可能となり、継続配信できるようになります。第2章の『「継続」して情報配信できる仕組み構築の3つのヒント』（P65参照）もご参考いただけます。

　ここからは、「誰に伝えるか（ターゲット設定）」について、掘り下げていきます。

あなたは「誰に」向けて
情報配信をしていますか?

「知識の深さ」と「人口」の関係は、次のピラミッドのようになります。

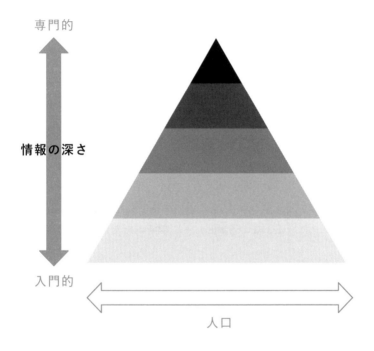

ここからわかるように、情報(コンテンツ)の内容を深めていくと、それを求める人は比例して減っていきます。

つまり、あなたが専門的な情報配信をすればするほど、それを求める人(理解できる人)は、反比例しながら減っていくのです。減っていく

一方で、深い知識を求める人からは、強い共感を得やすくなります。

　あなたの情報（コンテンツ）を、より多くの人に届けようと思ったとき、あなたがその道のプロフェッショナルであるほど、気をつけなければならないポイントがあります。

　それは、「届ける相手（ターゲット）」と「届ける情報（コンテンツ）」のミスマッチです。多くの人に情報を届けたいのに、自分にとっての当たり前が深まり、専門的になっていることに気づかないまま情報配信を続けていると「どうしてわかってくれないんだ」というジレンマが起こります。

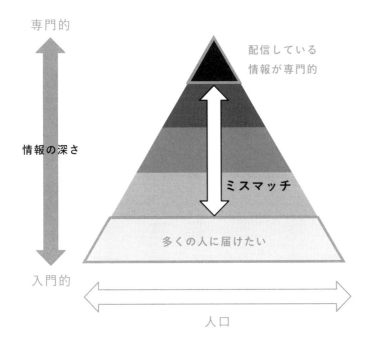

情報配信を続けていくと、「こんなこと当たり前すぎて書くのが恥ずかしい」といった感情になることもありますが、あなたにとっての当た

り前が、相手にとっての当たり前とは限りません。

　むしろ、その逆、あなたの当たり前が相手の宝物になることの方が多いでしょう。

　情報の深さ（専門的↔入門的）に合わせた、適切な読み手にあなたの情報を届ければ、文章を変えずに読まれるようになります。

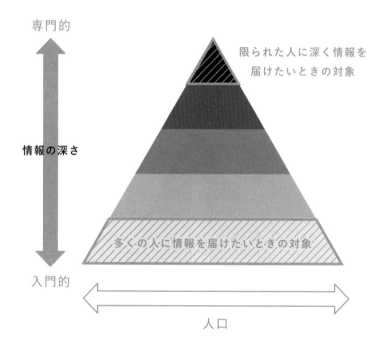

多くの人に、広く情報を届けたい
→小学生でもわかる入門的な、あるいはわかりやすい情報配信

限られた人に、深く情報を届けたい
→プロだからこそ知る専門的な情報配信

読み手と書き手の
ミスマッチ事例

　分かりやすく見比べていただくために、行動経済学の「プロスペクト理論」について、「専門的な文章」と「入門用文章」を書いてみます。

専門的な文章

　「プロスペクト理論」は、不確実性下における意思決定モデルの一つ。選択の結果得られる利益もしくは被る損害および、それら確率が既知の状況下において、人がどのような選択をするか記述するモデルである。行動経済学における代表的な成果としてよく知られている。

　期待効用仮説に対して、心理学に基づく現実的な理論として、1979年にダニエル・カーネマンとエイモス・トベルスキーによって展開された。カーネマンは2002年、ノーベル経済学賞を受賞している。

　人は参照基準点と比べた損得を判断基準とし、同額の儲けと損を比較すると２倍以上損失を嫌うという「損失回避」の実験も有名。（Wikipedia の文章をベースに加筆）

入門用文章

　先日、ポケットに入れていた千円を失くしました（損失）。ちくしょーっ。次の日、別のジャケットのポッケから、千円が出てきました（利得）。やった！

しかし、ノーベル経済学賞を受賞した行動経済学の「プロスペクト理論」によれば、それでは感情の埋め合わせはできません。

　なぜなら、痛み（損失）は、快楽（利得）の２〜2.5倍の心理的ダメージがあるので、次の日に２千円〜２千500円を見つけてはじめて、千円を亡くしたショックを補えるからです。

　損失を大きく見積もって、それを避けようとすることを「損失回避」と言いますが、シンプルにひと言にすれば「人は得をするより損をしたくない」ということですね。

　行動経済学をまったく知らない人に専門的な文章でアプローチすれば、おそらく、１行目で離脱してしまいます。

　逆に、十分知識のある専門家に入門用文章でアプローチすれば、コミュニケーションが断絶してしまうかもしれません。

　マーケティングに話がそれた余談ですが、「シーブリーズ（制汗剤）」は、2007年頃、売上不振に陥っていましたが、商品自体を大きく変えることなく、売上げ８倍のV字回復に成功しました。

　その成功要因は、届ける相手（メインターゲット）を、マリンスポーツで汗をかく男性から、女子高生に変更したことでした。

なぜターゲット設定に
ペルソナを使わないのか？

　ここまで、「誰に」伝えるか（ターゲット設定）についてお伝えしてきました。

　ターゲット設定には、ペルソナという象徴的なユーザーモデルを想定する方法がありますが、私はペルソナを推奨していません。ペルソナとは、サービスや製品、Web サイトのユーザーを調査し、その結果を分析・統合した架空の人物像のこと。実在する個人ではなく、ユーザーを代表するモデルを指します。

　もちろん、ペルソナが有効に機能することはあります。しかしながら、ペルソナは自分の都合によって、その都度カメレオンのように変幻自在に変化させられるので、どうしてもターゲットがブレやすくなります。

　だからといって、自分の都合が介在しないペルソナを綿密に設定することは、売れる文章を書く以上に難しいスキルです。

　そこで、簡単で効果的な方法として、受講生やクライアントに勧めているだけではなく、私自身が使っているのは、その文章を読んでほしい理想の読者として、具体的なひとり――「実在するあなたが知っている人」を設定する方法です。

　なぜなら、あなたがよく知る実在する人であれば、好き勝手に自分の

都合を投影できないからです。

　ターゲットには、好きな人（嫌いじゃない人）を選びます。
　そうすることで、相手に共感しやすくなり、伝わりやすく、思いを寄せた文章が書きやすくなるからです。さらには、あなたの文章を読んでその人は喜んでくれそうですか？　という問いを投げかけて、その答えが「YES」であれば、ベストなターゲット設定になります。

　具体的なターゲット設定は、あなたが出会いたい理想的な顧客を引き寄せる求心力になります。

「接続詞」だけで、
文章は劇的に上手くなる！

　文章の流れをスムーズにする潤滑油が「接続詞」です。

　第2章の「SNSの必勝5パターン」（P55参照）で体験していただいたように文章全体では「文章構成」が大切ですが、各パラグラフや文章同士のつながりをわかりやすくする「文章の流れ」もとても重要です。

　次の文章を事例にして、段階的に文章の流れをつくっていきます。

CASE
01

【読まれる文章にする簡単なテクニック】
　読まれる文章には「流れ」があり、流れがつくれれば、スルスルと最後まで読んでもらえますが、「流れ」を生み出すには【接続詞】や【まくらことば】のボキャブラリを増やせばいいのですが、ものすごく簡単なこのテクニックは、あまり知られていません。
　流れが悪く、何を言いたいのかよくわかりません。すっと頭に入ってこないので、記憶にも残らない、読み捨てられてしまう文章です。まずは、次のように「1文を短くするだけ」でも、読みやすくなります。

　いかがでしょうか？
　1文が長く、読みづらかったかと思います。

第1章の「1文は50文字以内」（P28参照）にあったように、文章を短く区切っていきます。

CASE
02

【読まれる文章にする簡単なテクニック】
　読まれる文章には「流れ」があります。
　流れがつくれれば、スルスルと最後まで読んでもらえます。
「流れ」は、どうすれば生み出せるのでしょうか？
　すぐにできる、とても簡単な方法があります。
【接続詞】や【まくらことば】のボキャブラリを増やせばいいんですね。
　ものすごく簡単なこのテクニックは、あまり知られていません。

　特に、読むリズムがまだできていない冒頭に、長い1文がくると、それだけで、流れが断絶されてしまいます。

　ちなみに、このパラグラフ冒頭の1文を覚えていますか？

　文章の流れをスムーズにする潤滑油が「接続詞」です。
　と、短い文章にしています。

　この章の冒頭の1文（第3章章扉参照）は、さらに短く"最後まで読んでもらえない。"としています。
「1文を短くする」これだけでも、同じ文章とは思えないほど読みやすく感じる人もいます。

「接続詞」「まくらことば」の語彙を増やそう

　さらに、この文章にちょっとしたコツを加えて、流れをよくしていきましょう。

CASE
01

【読まれる文章にする簡単なテクニック】
　読まれる文章には「流れ」があります。
　逆に言ってしまえば、流れがつくれれば、スルスルと最後まで読んでもらえます。
　ではいったい「流れ」は、どうすれば生み出せるのでしょうか？
　実は、すぐにできる、とても簡単な方法があります。
【接続詞】や【まくらことば】のボキャブラリを増やせばいいんです。
　ところが意外や意外、ものすごく簡単なこのテクニックは、あまり知られていません。

　何が違うかといえば、【接続詞】や【まくらことば】を入れながら文章をつないでいます。わかりやすいように【接続詞】や【まくらことば】を、太文字にしてみます。

【読まれる文章にする簡単なテクニック】

　読まれる文章には「流れ」があります。

　逆に言ってしまえば、流れがつくれれば、スルスルと最後まで読んでもらえます。

　ではいったい「流れ」は、どうすれば生み出せるのでしょうか？実は、すぐにできる、とても簡単な方法があります。

【接続詞】や【まくらことば】のボキャブラリを増やせばいいんです。

　ところが意外や意外、ものすごく簡単なこのテクニックは、あまり知られていません。

　例なので、少しやり過ぎではありますが、それほど違和感はないかと思います。

　こういった【接続詞】や【まくらことば】を、あなたがボキャブラリとして持っているだけで、文章が流れはじめると同時に、文章を書くこと自体が、楽に、楽しくなっていきます。

厳選！文章の流れをつくる「56の言葉リスト」

「文章の流れをつくる言葉56リスト」として、【接続詞】や【まくらことば】をリスト化しましたので、ぜひご活用ください。

　リストを眺めながら、目に止まったものをあなたの文章に取り入れていただくと、【接続詞】や【まくらことば】だけで、文章に流れが生まれるという感覚が腑に落ちてきます。

　リストは、下の8つカテゴリに分類し、それぞれ7つの言葉を掲載しています。

1　後に伝えることを強調したい

2　前が原因・理由となって後の結果・結論につなげたい

3　言い換えたり、まとめたりして、強調したい

4　予想とは逆の展開をしたい

5　話題や状況を転換したい

6　前のことを詳しく説明したい

7　比喩（メタファー）や例で、イメージを膨らませてもらいたい

8　その他

　厳密な仕分けではないので、言葉を眺めながらアイデアを膨らますヒントとしてご活用ください。

1 後に伝えることを強調したい

実は

ぜひ

さらに

考えてみると明らかなのは

正直、告白するならば

驚くのはここからです

信じられないかもしれませんが

2 前が原因・理由となって 後の結果・結論につなげたい

だから

その結果として

その理由は

おかげで

結局のところ

そこで今

やはり

3 言い換えたり、まとめたりして、 強調したい

言い換えれば

ひと言でいいますと

私にとってみれば

ポイントになるのは

要するに

つまり

どちらにしても

4 予想とは逆の展開をしたい

しかし

ところが

とはいうものの

逆に言ってしまえば

その一方で

逆に

とはいえ

5 話題や状況を転換したい

それでは

では

さて

そんなとき

ところで

話は変わりますが

余談ですが

6 前のことを詳しく説明したい

なぜなら

というのは

詳しく説明すると

この問いに対する答えは

その秘密は

ここだけの話

本音をぶちまけると

7 比喩(メタファー)や例で、イメージを膨らませてもらいたい

たとえば

まるで

いわば

言うなれば

それはあたかも

例を挙げると

想像してみてください

8 その他

なぜ

準備はいいですか?

もし

仮に

問題は

お願いがあります

教えてください

これらの言葉を、あなたの文章に添えるだけで、無関係だった文章たちがつながりはじめます。そして、言葉を変形させたり組み合せることで、バリエーションは無限に広がります。

最後に、私のリスト活用法を参考までにご紹介します。

「文章の流れをつくるリスト」は仕上げで活用しよう

「もっとスムーズに読んでもらうには？」
「ワクワクしてどんどん読み進めてもらうには？」
「リズムよく読んでもらうには？」

といった質問を自分に投げかけながら、文章をいったん、書き終わったあとに、最後のエッセンスとしてこの「言葉たち」を加えていきます。まるで、文章をドレスアップしていくような楽しい作業ですので、ぜひお試しください。

巻末付録に、ここに掲載した56リストを含めた200リストの一覧を掲載していますので、そちらもご活用ください。

文章の「部分」の流れ（各パラグラフや文章同士のつながり）をスムーズにするための潤滑油としての「接続詞」をご紹介しました。
次の章では、文章の「全体」の流れ（文章構成）をスムーズにする方法として、読まれる文章構成の「型（テンプレート）」──穴埋め文章作成テンプレート2.0を公開していきます。

WORK

目安の時間
15〜20分

よってたかって勝手に文章改善

1 お題となる文章を用意する

改善したい文章をお題として用意します。

2 その文章を改善していく

個人orグループで、その文章に対して、

- キャッチコピーや見出しを付けたり
- 情報を専門的にしたり、小学生にわかるように噛み砕いたり
- 「接続詞」「まくらことば」で、文章の流れを整えていきます

3 発表＆フィードバック

改善した文章を個人orグループで発表し、発表が終わったらお互いに
ポジティブなフィードバックを行います。

COLUMN

> ## 2割の努力で8割の結果を出す
> ## 文章の原理原則

「文章を書こうとすると、どよ～んと気持ちが重くなる人」や「書くことに苦手意識がある人」には、文章を一気に書こうとするクセがあります。

　具体的には、
- 「内容」：何を伝えるかという「メッセージ」を考えながら、
- 「構成」：どういう順番で伝えるかという「文章構成」にも気を配り、
- 「表現」：文章をより豊かにするための「文章表現」

の３つをすべて同時にやろうとした結果、挫折してしまうのです。

　特に、文章を学ぼうと思ったときに多くの人が、文章「表現」から学ぼうとしますが、文章表現はまさにセンスや経験がものをいう分野ですので、そう簡単には身につきません。言い換えれば、結果として実感できるまでに時間がかかるのです。

　最短で結果を出しながら文章を上達させるには、どのような順番で文章スキルを身につけていくかが重要になります。

　図にあるように「内容」「構成」「表現」を［文章の３要素］と呼んでいますが、文章上達の明暗を分けるのは、これらを学ぶ順番です。なぜなら、結果に対する労力対効果がまったく異なるからです。

　あくまで私の経験則ですが、次のような労力対効果になります。

「内容」　結果・効果：4／身につけるための時間・労力：1.5
「構成」　結果・効果：4／身につけるための時間・労力：0.5
「表現」　結果・効果：2／身につけるための時間・労力：8

　つまり、「文章内容」と「文章構成」さえ身につけてしまえば、2割の時間・労力で、8割の結果・効果を生み出せるようになります。

　そして、文章上達のいちばんの近道は、まず先に結果を出すこと。結果が出ればモチベーションが上がり、心にも余裕が生まれます。
　すると、文章「表現」も、自然と豊かになっていきます。

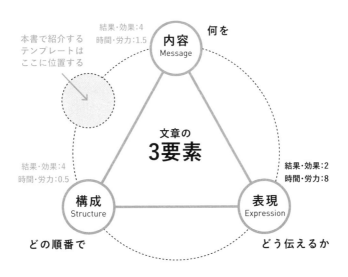

第 4 章

ブログ・メルマガの相棒になる

超速!
穴埋めテンプレート

お気づきですか?
あなたは、すでに文章上達の好循環に入っています。

なぜなら、ここまでの３章でご紹介してきた内容を、ほんの少し取り入れるだけでも、あなたの文章変化に周りの人は驚き、その反応は、あなたが文章を書くことを楽しくさせるからです。

ここからは、ブログやメルマガなど、ある程度の文章量がある記事をスラスラと書けるようになる「文章作成テンプレート」で、さらに一歩踏み込んでいきましょう。

安心してください。簡単に使いこなせます!

良質な記事が量産できる「穴埋め文章作成テンプレート2.0」

　第3章で、文章の「部分」においては「文章の流れ」が重要であり、「接続詞」や「まくらことば」でつなぐだけで、スムーズな文章の流れができることをお伝えしました。

　ここからは、文章の「全体」において重要な「最後まで読まれる文章構成」をテンプレート化した、コンテンツメディア記事など、有益なコンテンツ配信をするための型──「穴埋め文章作成テンプレート2.0」を公開していきます。

　本書の「はじめに」にあったように、「ブログは絶対に書きたくない！！」状態から、たった10日で101記事を達成したり、書く時間が10分の1になったりした方がいらっしゃいます。書けなかったのは、アウトプットの方法を知らなかったからです。

　もしあなたが、このようなアウトプットの方法を知らないことで引き起こされる「アウトプット便秘」になっているとしても、アウトプットの型（テンプレート）を活用することで、その症状は改善していきますので安心してください。

　ちなみに、512人にご協力いただいたアンケートでは、48％の人が2分の1以上の時間短縮を実感しています。

　あなたも、このテンプレートを使うことで、ブログやメルマガなど、ある程度の文章量がある記事をスラスラと書けるようになります。

著者の中野巧より本書をご購読のあなたへ

「SNS」「メルマガ」「ブログ」 「ランディングページ」……

Webでモノを売る時代に必須の セールスライティングのノウハウを全公開

受 け 取 り 方 は カ ン タ ン

こちらにアクセス

▼

http://emwm.jp/book3

2020年12月31日まで

エンパシーライティング® 公式サイト
https://www.empathywriting.com

エンパシーライティング 検索

contact@empathywriting.com

あなたの
「パッと書けてすぐに売れる」を加速！

EMPATHY WRITING

ご購入者限定
12の特別付録を無料プレゼント！

『稼ぐ人の「超速」文章術』をご購入いただいたあなたに、
特別なプレゼントをご用意しました。

超豪華な12の特別付録（無料）

文章作成ゲーム（LINEでサクッと文章作成）

| 特別付録01 | 超速！SNS文章作成ゲーム |
| 特別付録02 | 超速！文章作成ゲーム |

言葉の全リスト一覧

| 特別付録03 | 「穴埋めキャッチコピー369」全リスト＜無料スマホアプリ＞ |
| 特別付録04 | 「接続詞」だけで文章は劇的に上手くなる！定番ワード200 |

文章作成ツール

特別付録05	「エンパシーチャート®」ダウンロード（3種類のデザイン）
特別付録06	「寄り添いマップ3．0」ダウンロード
特別付録07	iEmpathy「寄り添いマップ3．0」無料アップグレード

1枚フレームワーク（文章作成テンプレート）

特別付録08	「穴埋め文章作成テンプレート2．0」1枚フレームワーク
特別付録09	「穴埋め文章作成テンプレート2．0」（つなぎ言葉入り）
特別付録10	「究極の売れる！ランディングページ」テンプレート
特別付録11	「究極の売れる！ランディングページ」（つなぎ言葉入り）
特別付録12	上司にYESと言わせる「企画書」テンプレート

「穴埋め文章作成テンプレート 2.0」の構成

　穴埋め文章作成テンプレート2.0の構成は下記の5ブロックです。

Catch：オープニング（つかみ）／テーマ（主題）
⇨ **思わず先を読み進めたくなるには？**

Me（You）：ベネフィット（得すること）／ポイント（結論）
⇨ **あなたの情報を得て、読み手はどんな得をしますか？**

If：エピソード（理由・事例・背景）／コンテンツ（役立つ情報）
⇨ **読み手が得をする具体的な内容・情報・コンテンツは？**

You（Me）：ポイント（結論）／ベネフィット（得すること）
⇨ **あなたの情報を得て、読み手はどんな得をしますか？**

Can：ベイビーステップ（はじめの一歩）
⇒ **得するために、読み手が努力せずに踏み出せる簡単な行動は？**

　この5つのブロックは、冒頭の英語をつなげた「Catch Me If You Can」の愛称でも親しまれています。5つのブロックには、下記のように9つの要素が含まれ、それぞれの［内容］にある説明に沿って埋めていきます。9つの要素がありますが、ベネフィット（③、⑧）とポイント（④、⑦）は重複していますので、実際に穴埋めするのは7つです。

5つの ブロック	9つの要素	内容
Catch	① **オープニング** （つかみ）	読み手に安心して文章を読み進めてもらうための 冒頭の話題は…… ➡本文に関係する、冗談や話題、ニュース、YESセットは？
	② **テーマ** （主題）	これから書いていくことは…… ➡伝えるテーマ（主題）をひとつの言葉にすると？
Me （You）	③ **ベネフィット** （読み手が 得すること）	なぜ、これを読むと読み手が喜ぶかというと…… ➡この内容を知ることで、読み手が得することは？
	④ **ポイント** （結論）	私が言いたいことはズバリ…… ➡結論（意見・持論・主張）を、ひと言でいうと？
If	⑤ **エピソード** （理由・事例・背景）	そう考えるようになった背景（理由）をお伝えすると…… ➡ポイント（結論）に至ったエピソード（理由・事例・背景）は？
	⑥ **コンテンツ** （役立つ情報）	重要なポイントを3つに絞ってお伝えすると…… ➡ポイント（結論）について、具体的な3つを伝えるとすると？ ひとつ目／二つ目／三つ目
You （Me）	⑦ **ポイント** （結論）	結論としましては…… ➡④ポイントを繰り返す
	⑧ **ベネフィット** （読み手が 得すること）	つまり、あなた（読み手）は……という得をします ➡③ベネフィットを繰り返す
Can	⑨ **ベイビー ステップ** （はじめの一歩）	③ベネフィットを得るために、 読み手が努力せずにできることは…… ➡「読んで終わり」にならない、読み手が簡単に起こせる行動は？

テンプレートに沿って文章全体の軸が出来てしまえば、あとは書きやすいところから手を加えていくだけで、あっという間にあなたの文章が完成します。

　全体像が見えない状態で、
「1行目から書かなければ！」
　と気合いで文章に立ち向かおうとするのは、真っ暗な迷路を手探りで進むようなものなので、多くの時間と気力を失うことになります。

　たった7つの穴埋めで、あなたも人の心をググッとつかむ有益なコンテンツ記事が書けるようになります。
　ブログやメルマガなど、ある程度の文章量を書くときの強い味方として、ぜひあなたの武器のひとつにしてください。

穴埋め文章作成テンプレート
のロジックツリー

「穴埋め文章作成テンプレート」を、もっと大きな構造で捉えることで、理解が深まる方がいらっしゃいますので、補足としてロジックツリーによる説明も加えておきます。

図のロジックツリーのように、大きな骨格は、「②テーマ」「④ポイント」「⑥コンテンツ1〜3」から成り立っています。

これらが屋台骨となりますので、論理破綻していたり辻褄があっていないと、説得力のない文章になります。

そして、この屋台骨の隙間を埋めていく要素が、「①オープニング」「③⑧ベネフィット（読み手が得すること）」「⑤エピソード（理由・事例・背景）」「⑦ポイント（結論）」「⑨ベイビーステップ（はじめの一歩）」という構造になっています。

穴埋め文章作成テンプレートのロジックツリー

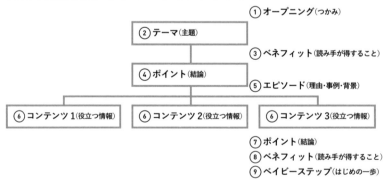

1枚フレームワークで即実践

穴埋め文章作成テンプレート2.0をより実践しやすいように、1枚のフレームワークにしました（P117参照）。

それには、次の3つの活用ポイントがあります。

1 推奨の穴埋め順を掲載

私の経験則で、スムーズな穴埋め順を推奨として書いていますが、どこから穴埋めするのも自由です。重要なポイントは、文章はどこから書き始めてもいいということ。はじめは思い浮かばなかった要素も、前後の要素が埋まることで思いつくようになりますので、ゲーム感覚で思いついたところから埋めていってください。

2 タイトル（件名）は最後に考える

あなたのブログやメルマガが読まれるために、何が一番重要かといえば、タイトル（件名）です。なぜなら、たとえばメルマガは開封されなければ本文は存在しないことと同じであり、開封されるかどうかは、タイトル（件名）で、ほぼ決まるからです。

記事のタイトルがパッと思い浮かぶこともありますが、記事を書き終わったあとに、全体を見直しながら、

「この記事を読んでもらうためのタイトル（件名）は何だろうか？」

と考えたり、記事の中で目に飛び込んでくるワードを2〜3つくらい選び、それらをつなげてタイトルを考えたほうが、時短しながらも、良いタイトルが浮かびやすいです。

3 各要素を馴染ませ、文章の流れを整える「つなぎ言葉」

「ラインをつなぐ」と私は言っていますが、バラバラに穴埋めした9つの要素同士の流れ・つながりをよくするためのヒントとして「つなぎ言葉」を入れています。

「つなぎ言葉」入れるだけで、各要素が馴染みはじめ、流れ・つながりが整っていきます。

たとえば、各項目をつなぐ、次のような言葉です。

- そんなわけで…
- 読むとあなたは…
- ひと言で言うと…
- そのきっかけは…
- 重要なことは3つ…
- 結論としては…
- つまり
- 簡単にできるのは…

つなぎ言葉をそのまま文章内にいれても問題ありませんが、言葉をパターン化させることが目的ではなく、文章の流れやつながりをスムーズにするためのヒントやチェックとして使うことがいちばんの目的です。

以上が右図・穴埋め文章作成テンプレート2.0の活用ポイントです。

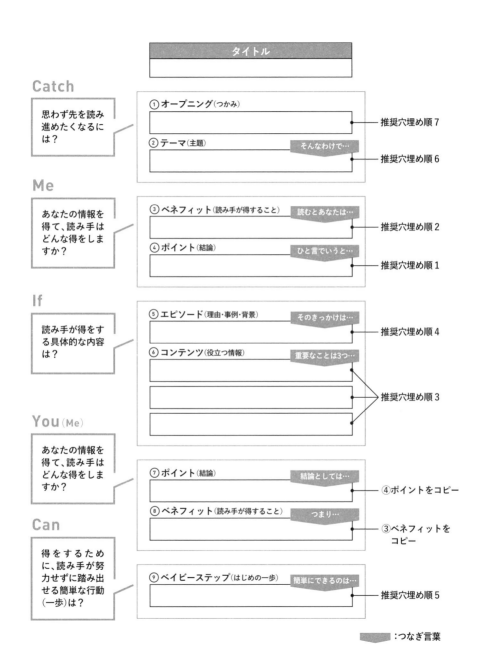

タイトル

Catch

思わず先を読み
進めたくなるに
は？

① オープニング（つかみ）

推奨穴埋め順7

② テーマ（主題）　そんなわけで…

推奨穴埋め順6

Me

あなたの情報を
得て、読み手は
どんな得をしま
すか？

③ ベネフィット（読み手が得すること）　読むとあなたは…

推奨穴埋め順2

④ ポイント（結論）　ひと言でいうと…

推奨穴埋め順1

If

読み手が得をす
る具体的な内容
は？

⑤ エピソード（理由・事例・背景）　そのきっかけは…

推奨穴埋め順4

⑥ コンテンツ（役立つ情報）　重要なことは3つ…

推奨穴埋め順3

You（Me）

あなたの情報を
得て、読み手は
どんな得をしま
すか？

⑦ ポイント（結論）　結論としては…

④ポイントをコピー

⑧ ベネフィット（読み手が得すること）　つまり…

③ベネフィットを
コピー

Can

得をするため
に、読み手が努
力せずに踏み出
せる簡単な行動
（一歩）は？

⑨ ベイビーステップ（はじめの一歩）　簡単にできるのは…

推奨穴埋め順5

：つなぎ言葉

1枚フレームワークで
即実践（事例）

　1枚フレームワークを使った事例を紹介します。

　日本最大級の絵本読み聞かせコミュニティ「一般社団法人 絵本メンタリング協会」には、394人（2020年2月1日現在）のインストラクターがおり、その方々が日々のアウトプットに、穴埋め文章作成テンプレートを活用してくださっています。

　テンプレートを活用しはじめてから、

「今までより短時間で書いているのに、閲覧数が3倍になった」
「まったくもらえなかったコメントやいいね！が、コンスタントに増えている」
「わかりやすい反応があるので、文章を書くのが楽しい習慣になった」

　といった声が寄せられ、代表理事である仲宗根敦子さんは手応えを感じています。

　インストラクターさんの「1枚フレームワーク」と「ブログ記事」を事例として、ひとつご紹介させていただきます。
　まずは、穴埋めしたテンプレートの事例からご覧ください。

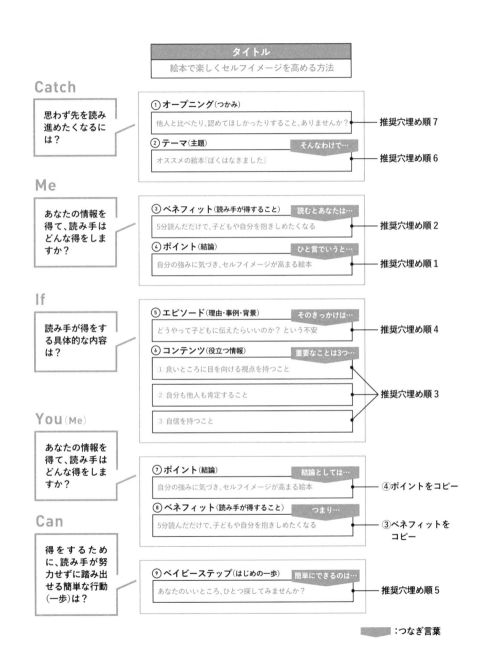

タイトル
絵本で楽しくセルフイメージを高める方法

Catch

思わず先を読み進めたくなるには？

① オープニング（つかみ）
他人と比べたり、認めてほしかったりすること、ありませんか？
→ 推奨穴埋め順 7

② テーマ（主題）　そんなわけで…
オススメの絵本『ぼくはなきました』
→ 推奨穴埋め順 6

Me

あなたの情報を得て、読み手はどんな得をしますか？

③ ベネフィット（読み手が得すること）　読むとあなたは…
5分読んだだけで、子どもや自分を抱きしめたくなる
→ 推奨穴埋め順 2

④ ポイント（結論）　ひと言でいうと…
自分の強みに気づき、セルフイメージが高まる絵本
→ 推奨穴埋め順 1

If

読み手が得をする具体的な内容は？

⑤ エピソード（理由・事例・背景）　そのきっかけは…
どうやって子どもに伝えたらいいのか？ という不安
→ 推奨穴埋め順 4

⑥ コンテンツ（役立つ情報）　重要なことは3つ…
① 良いところに目を向ける視点を持つこと
② 自分も他人も肯定すること
③ 自信を持つこと
→ 推奨穴埋め順 3

You（Me）

あなたの情報を得て、読み手はどんな得をしますか？

⑦ ポイント（結論）　結論としては…
自分の強みに気づき、セルフイメージが高まる絵本
→ ④ポイントをコピー

⑧ ベネフィット（読み手が得すること）　つまり…
5分読んだだけで、子どもや自分を抱きしめたくなる
→ ③ベネフィットをコピー

Can

得をするために、読み手が努力せずに踏み出せる簡単な行動（一歩）は？

⑨ ベイビーステップ（はじめの一歩）　簡単にできるのは…
あなたのいいところ、ひとつ探してみませんか？
→ 推奨穴埋め順 5

▬：つなぎ言葉

穴埋めした内容だけを、次のように抜き出してみると、文章全体の軸・
流れが見えてきます。

[タイトル]
絵本で楽しくセルフイメージを高める方法

[オープニング(つかみ)]
他人と比べたり、認めてほしかったりすること、ありませんか?

[テーマ(主題)]
オススメの絵本『ぼくはなきました』

[ベネフィット(読み手が得すること)]
5分読んだだけで、子どもや自分を抱きしめたくなる

[ポイント(結論)]
自分の強みに気づき、セルフイメージが高まる絵本

[エピソード(理由・事例・背景)]
どうやって子どもに伝えたらいいのか? という不安

[コンテンツ(役立つ情報)]
①良いところに目を向ける視点を持つこと
②自分も他人も肯定すること
③自信を持つこと

[ポイント(結論)]
自分の強みに気づき、セルフイメージが高まる絵本

[ベネフィット(読み手が得すること)]
5分読んだだけで、子どもや自分を抱きしめたくなる

[ベイビーステップ(はじめの一歩)]
あなたのいいところ、ひとつ探してみませんか?

前ページをもとに文章化されたものが、下のブログ記事です。

この記事とテンプレートに穴埋めした内容を見比べると、どのように文章化していくのかを、具体的にイメージできます。

ブログタイトル
絵本で楽しくセルフイメージを高める方法

本文
「つい自分と周りの人を比べてしまう」
「誰かに自分を認めてほしくなる」
なんてこと、ありませんか？　正直、私は（よく）あります。

そんな私の人には見せない心を知ってか知らずか、友人がオススメしてくれた絵本を、今日はご紹介しますね。

『ぼくはなきました』
作：くすのきしげのり　絵：石井聖岳

「友だちのいいところを見つけられるのは、あなたのいいところですよ」と先生に認められ、涙がでるほど喜びを感じた男の子が満面の笑みで家に帰る姿に、私も共感してウルウルした絵本です。

たった5分ですが、読み終わったあと、きっとあなたもお子さんや自分を抱きしめてあげたくなりますよ。

自分の強みに気づき、セルフイメージが高まる絵本

「みんな違ってみんないい♪」

この絵本は、ひとりひとり異なる才能や能力があることを、やさしく教えてくれます。
そして、それが自分の中にすでにある強みに気づき、セルフイメージを高めることにつながります。

セルフイメージを高めるには、まず自分のいいところを見つける意識をもち、相手からの言葉を素直に受け入れること。シンプルで大切なことだけど、自分でも難しい。

「それをどうやって子どもに伝えたらいいのか？」
と、ずっと抱えていた漠然とした不安がこの絵本との出会いで、スーッと溶けていくようでした。

この絵本を読んで、私は次の３つの大切さを、やさしい気持ちで考えさせられました。

①良いところに目を向ける視点を持つこと
②自分も他人も肯定すること
③自信を持つこと

ひとつひとつ書いていきますね。

①良いところに目を向ける視点を持つこと
「〇〇であって欲しい！」という、親ならだれもが願う子どもへ想い。
その想いがときに、出来ていないことへの指摘や言葉になってしま

いがちです。

お母さんの言葉は、子どもの心に深く届きます。

だからこそ、私たち親が子どもの良さを、言葉で伝えてあげることが大切なんだ。

そう気づかされます。

②自分も他人も肯定すること

友だちやお母さんのいいところをたくさん見つけられるやさしい男の子。

だけど、自分のいいところは見つけられない。

他者の良さを見つけるだけでなく、自分の長所にも目を向けることが大切。

まずは、私が子どものよいところを1日ひとつ見つけようと思います。

③自信を持つこと

自分と同じ人は誰一人としていない。だから、みんな違ってみんないい！

今の自分を認め、その中に自分の長所や強みを見つけられるようになると、それが自信につながります。

その自信は、あなた自身やあなたのお子さんをもっと大好きにさせてくれます。

この絵本を読むことで視点が広がり、抵抗なく自分を俯かんして見ることができるようになりました。

そういった気持ちになれると、不思議と自分の中にすでにある強みと自然に出会えるようになり、セルフイメージをすっと高めることができるんですね。

１日５分の絵本習慣。

忙しい毎日のちょっとしたスキマ時間だけで、あなたもお子さんや自分を抱きしめてあげたくなれるって、本当にコスパのいい癒やしです。

早速いま、あなたの良いところ、ひとつ探してみませんか？

以上、事例をご紹介しました。

事例では、以下の穴埋めした内容のいくつかのを、記事の「見出し」にしています。

自分の強みに気づき、セルフイメージが高まる絵本
①良いところに目を向ける視点を持つこと
②自分も他人も肯定すること
③自信を持つこと

また、もっと文章量が多い場合でも、いや、多いからこそ、テンプレートによる文章の軸が、文章を書いていくガイドラインとして、力強く機能します。

9つのヒントでワンランク上の活用

- -

　テンプレートを数回試してもらったあとで、次の9つのヒントをお読みいただくと、ワンランク上の活用ができるようになります。

ヒント1:「①オープニング（つかみ）」をはじめに書かない

　読み進めてもらうために重要だけど、もっとも難しいのが、「①オープニング（つかみ）」。「文章は最初から書かなければならない」という思い込みを捨て、意図的に後回しにしましょう。なぜなら、全体像が見えてきた段階で、そこにつながるオープニングを考えたほうが、圧倒的にスムーズに文章が書けるようになるからです。

　このことを伝えただけで「オープニングをはじめに書かない、そして、文章はどこから書いてもいいと教えてもらったことで、文章を書くハードルが下がり、文章と気軽に付き合えるようになりました」という方もいらっしゃいます。

ヒント2:しつこい印象を残さない

「⑦ポイント（結論）」と「⑧ベネフィット（得すること）」は、「④ポイント（結論）」と「③ベネフィット（得すること）」の繰り返しになりますが、まったく同じ文章にするという意味ではなく、伝える内容やニュアンスが同じだと捉えてください。まったく同じ文章を繰り返して、しつこい印象にならないように、言葉を換えたり、要約したり、ひとつにまとめることで読み心地のよい文章になります。

ヒント3：迷ったらひとつにまとめる

「③ベネフィット（得すること）」と「④ポイント（結論）」「⑦ポイント（結論）」と「⑧ベネフィット（得すること）」は別々にせず、ひとつにまとめてしまうことも多いです。

また、ベネフィット（得すること）とポイント（結論）を明確に分けられないこともありますので、思いついたことがベネフィットなのか、ポイントなのか、と迷ってしまう場合には、ひとつにまとめてください。

ヒント4：思いつかなければ、あっさり飛ばす

「⑤エピソード（理由・事例・背景）」が思いつかない場合は、あっさり飛ばしてください。この要素がなくても文章は流れていきます。

文章の題材によっては、思いつきにくい、あるいは、ないほうが伝わりやすいこともありますので「絶対に入れなければ……」と重く考えるより、書きたいことが思いついたときに書く、くらいの気軽なスタンスで大丈夫です。

ヒント5：マジックナンバー3の法則

「⑥コンテンツ（役立つ情報）」がメインコンテンツになりますので、もっとも文章ボリュームが大きくなります（この部分で文章全体のボリュームを調整できる）。

重要なポイントを3つに絞って伝えることで、伝わりやすくなると同時に、書き手の頭も整理されていきます。**書き手が理解する以上に、読み手は理解することができません**ので、書き手の頭が整理されていることは大切です。

何かを伝えるとき、具体例を3つ挙げると説得力が増します。なぜなら、2つだと乏しく、4つでは多すぎる─3つを丁度よく感じる人間の心理傾向があるからです（マジックナンバー3の法則）。

２つしかない場合は、どちらか１つを２つに分解して３つにしたり、４つ５つある場合にはどれかを合体させて３つにするのも、ひとつの方法です。

　また、読んでもらう工夫として、３つを書いたあとに、「さらに」「しかも」と、４つ目、５つ目を追加するというテクニカルな方法もあります。

ヒント6：最後の呼びかけ

「⑨ベイビーステップ」もとても大切です。

　事例の文章が

> 　忙しい毎日のちょっとしたスキマ時間だけで、あなたもお子さんや自分を抱きしめてあげたくなれるって、本当にコスパのいい癒やしです。

で、終わっているのと、

> 　忙しい毎日のちょっとしたスキマ時間だけで、あなたもお子さんや自分を抱きしめてあげたくなれるって、本当にコスパのいい癒やしです。
>
> 　早速いま、あなたの良いところ、ひとつ探してみませんか？

　このように、最後に読み手が簡単に起こせる行動を呼びかけているのとでは、読み終わったあとの印象がまったく違います。

さらに、絵本に興味を持ってくれた人へのスムーズな情報提供として

> 忙しい毎日のちょっとしたスキマ時間だけで、あなたもお子さんや自分を抱きしめてあげたくなれるって、本当にコスパのいい癒やしです。
>
> 早速いま、あなたの良いところ、ひとつ探してみませんか？
>
> 今日ご紹介した絵本はこちら。
> 「ぼくはなきました」（絵本の購入ページへのリンク）

とすると、より丁寧な印象になり、もしこれがあなたの商品であれば、売上げにもつながります。

ヒント7：一貫性と統一感のあるストーリー構成

上級テクニックではありますが、最後の部分（⑦ポイント／⑧ベネフィット／⑨ベイビーステップのどこか）で、①オープニングに関連することに触れると、最初と最後がつながり、一貫性と統一感のあるストーリー構成になります。

この章の最初で、

> なぜなら、ここまでの３章でご紹介してきた内容を、ほんの少し取り入れるだけでも、あなたの文章変化に周りの人は驚き、その反応は、あなたが文章を書くことを楽しくさせるからです。

と伝え、この章の最後にある締めの文章では、

> その小さな実践の先で、文章を書くことが、さらに楽しくなっているあなたが待っています。

と、最初と最後をつなげています。

ヒント8：スキルの組み合わせ

第3章で紹介した「穴埋めキャッチコピー」や「接続詞」などを参考にすると、さらに読まれやすい文章になっていきます。

文章スキルが身につくほど、こういった組み合わせパターンも増えていきますので、そういったダイナミズムも、ぜひ楽しんでください。

ヒント9：付せんを使ったワーク

書きやすい要素から１枚ずつ付せんに書き込んでいき、それらの付せんを最後に順番通りに並べると、ダイナミックな文章作成を体験できます。研修や勉強会などでは、達成感があり、楽しく実践できるワークとして盛り上がります。

文章作成ゲームで深く考えず、まずは実践

　テンプレートを使って文章と向き合うことが超速！文章上達につながります。そして、ブログやメルマガなど、ある程度の文章量がある記事をスラスラと書けるようになります。

　まずは、あまり深く考えずに、実践することが吉です。

　SNS文章作成ゲームと同様、巻末付録に「穴埋め文章作成テンプレート2.0」のLINEゲーム（無料）をご紹介していますので、ゲーム感覚で試してみてください。LINEで質問に答えながら入力し、最後のボタンを押すと、ポン！と文章が出てくるので、あなたもきっと驚きます。

　紙やペン、付せんも使わず、スマホさえあれば気軽に取り組めるので、私はこのLINEゲームをそのまま研修などで活用することもありますが、とても便利で好評です。

　1枚フレームワークへの書き込み、付せんを使ったワーク、LINEゲーム——どのやり方でもいいので、今できる方法で実践してみてください。その小さな実践の先で、文章を書くことが、さらに楽しくなっているあなたが待っています。

　最後に、もうひとつ追加して、10個めのヒント。

　次の第5章でご紹介する「エンパシーチャート」の①ゴール設定と②ターゲット設定を、テンプレートを書く前に取り入れると、さらに明確な文章が書けるようになります。

WORK

勝負！文章作成ゲーム

目安の時間
15〜20分

1 文章を書く「お題」を決める

社内実務に必要なお題でも、仕事とはまったく関係ないお題でもOK
です。

2 「穴埋め文章作成テンプレート2.0」で文章を作る

個人orグループごとに文章を作ります。1枚フレームワークへの書き
込み、付せんを使ったワーク、または、巻末付録にあるLINEの「超速！
文章作成ゲーム」のどれを使ってもOKです。

3 発表＆フィードバック

作成した文章を個人or各グループで発表し、発表が終わったら、お互
いにポジティブなフィードバックを行います。
（テンプレートで作った文章の軸に肉付けしながら、1人or 1 グループ
につき、1分〜 1分30秒程度で発表する）

COLUMN

> そごう・西武のお正月広告は、
> 究極の文章構成事例

　　そごう・西武の2020年のお正月広告「さ、ひっくり返そう。」は、幕内最小の力士、炎鵬晃さんを広告モデルに起用し、「たとえ劣勢にあっても、勝負をあきらめず逆転を狙おう」というメッセージ発信で話題となりました。その文章をお読みください。

大逆転は、起こりうる。
わたしは、その言葉を信じない。
どうせ奇跡なんて起こらない。
それでも人々は無責任に言うだろう。
小さな者でも大きな相手に立ち向かえ。
誰とも違う発想や工夫を駆使して闘え。
今こそ自分を貫くときだ。
しかし、そんな考え方は馬鹿げている。
勝ち目のない勝負はあきらめるのが賢明だ。
わたしはただ、為す術もなく押し込まれる。
土俵際、もはや絶体絶命。

「ひっくり返して」下から読むと、まったく違った意味になります。

　　文章構成（読む順番）で意味が真逆になってしまう、ある意味、究極の文章構成事例として、ご紹介させてもらいました。

第 5 章

1枚のシートを埋めるだけ！ 共感が結果につながる

超速！
共感チャート

「これからのセールスやビジネスのキーワードは『共感（エンパシー）』だ」と、私は言い続けてきました。

しかし、その理解をカタチにすること、つまり、『共感』を文章に反映させることは、当時の私にとって、きわめて複雑で難解な問題でした。さまざまな書籍や情報をいくら探し回っても、『共感』を文章化する方法は一向に見つからない……。

ないなら創ればいい。その単純な発想から、多くの仲間との実践に支えられ、2011年に開発したのが、シンプルな1枚の共感チャート──共感を結果につなげる『エンパシーチャート』です。

おめでとうございます！

おめでとうございます！

あなたはここまでの実践で、情報を整理し、的確に相手に届ける方法を身につけています。

満足してもらっては困る

しかしながら、ここで満足してもらっては困ります。

なぜなら、あなたにはその先にある——共感され、より深く相手に届く文章を書けるようになっていただきたいからです。そして、それができれば、あなたが普段使いの文章で困ることはなくなります。

共感の理屈

「相手に共感してもらう」ためには、まずはあなたから相手に共感し、寄り添い、相手の喜びや痛みを自分のことのように感じながら、言葉をつむいでいく必要があります。

しかし、それは理屈。

私自身の苦労

頭での理解と、実際の文章化との間にある大きな隔たりに、そして、「これじゃない！」ことはわかっていても、目の前の文章に落とし込めないもどかしさに、私自身、長い間苦労してきました。

今までの書き方は忘れて

　そこで、共感を生み出す装置として、私の10年間の文章経験を結晶化し、もともと自分用に開発したツールが、これからご紹介する「エンパシーチャート」です。

　「エンパシーチャート」を描きはじめる前のあなたに、ひとつお願いがあります。まず、これまでの学校教育で学んできた文章の書き方は、忘れてください。それほど、これまでとはまったく違うアプローチになるからです。

まずは事例を見よう

　実際に活用いただければ、その効果を実感し、生涯手放せないツールとしてあなたの文章パートナーになれると信じていますが、使ってもらわないことには何も始まりません。

　私の課題は、あなたの期待値を上げて、「やってみよう！　やりたい！」と思ってもらうこと。そのために、先に事例をご紹介します。

描き方を知りたい方へ

　事例をすっ飛ばして、「いますぐ！　エンパシーチャートの描きたい！」という方は、138ページへどうぞ。

「エンパシーチャート」で
全国的に飛躍した事例

　女子高校生が考案した「痴漢抑止バッジ」を缶バッジ化するクラウドファンディングがはじまったのは、2015年の11月。わずか1週間で目標金額に到達し、3ヶ月の期間を終えたときには、424％の達成率（2,123,000円）でプロジェクトは大成功。

　その後、5年間で、痴漢抑止バッジプロジェクトは約6000人が参加し、NHKや日本経済新聞など、180回以上、国内外のメディアで取りあげられているので、目にしたことがある方も多いかもしれません。

　プロジェクトを起案した、一般社団法人 痴漢抑止活動センターの代表理事・松永弥生さんから、こんなメッセージをいただきました。

　「エンパシーライティングを知らなかったら『痴漢抑止』の単語は出てきませんでした。キックオフ記者会見の2日前にエンパシーチャートを描いていたとき、加害者に怒りをぶつける"撃退"や"撲滅"という強いネガワードではなく"抑止"なんだ！　と気がつき、スッと腑に落ちました。痴漢抑止バッジプロジェクトの成功は、エンパシーライティングがあってこそです！！」

　こういった国会の質疑にも取り上げらるような社会的なムーブメントには、「共感」の種が必ずと言っていいほど根づいています。

　世の中の悩みや苦痛を自分のことのように感じ、プロジェクトに文字通り、身を粉にして取り組まれている松永さんの共感力には脱帽です。

久々の、にわかでも、描けるのが
エンパシーチャートのすごさ

- -

　小学生から経営者まで、幅広いエンパシーユーザーさんのほとんどは、日常的な活用をしています。エンパシーチャートは、文章を書くだけではなく、共感を持って相手に何かを伝えたいとき、たとえば、プレゼンやスピーチ、営業トーク、クレーム対応など、さまざまなシーンで活用いただけるからです。

　一部上場企業で27年間勤め上げ、50歳で独立された今竹英治さんは、講師業で活躍するための企画書を書くために、エンパシーチャートを描いたそうです。お会いしたときに、こんなことを言ってくださいました。

「ほんまに、行き詰まったときに知っといてよかったと思う。
　喫茶店で付せんもなかったけど、ええ企画書でけたわ。
　久々の、にわかでも、描けるのがエンパシーチャートのすごいとこや」

　ここからは、「エンパシーチャート活用の流れ」と「活用事例」、そして多くのご質問をいただく「『穴埋め文章作成テンプレート』との組み合せ活用」の３つをお伝えしていきます。

　また、第４章まではインスタントに取り入れられる文章ノウハウをお伝えしてきましたが、「エンパシーチャート」や、次の第６章でご紹介する「寄り添いマップ3.0」は、思考フレームでもありますので、少し腰を据えて取り組んでいただくと、より効果を実感できます。

共感を生み出す装置「エンパシーチャート」の使い方

　この章の冒頭文章を書いたときのチャート事例で、エンパシーチャートの使い方を解説していきます。

　共感を生み出すプロセスを、ひとつひとつ細かく分解していますので、手順が多く感じる方がいるかもしれません。

　しかし、一度慣れてしまえば、6分ほどで気軽に書けるようになります。机の前で悩んでいる時間をエンパシーチャートを描く習慣に換え、ぜひあなたの力強い武器にしてください。

　エンパシーチャートは、次の3ステップで、共感され、結果につながる文章が書けるようになります。

　第3章のコラムでお伝えした「文章の3要素（内容・構成・表現）」に、各ステップがそのまま当てはまります。

【ステップ1】埋める：［内容（メッセージ）］
質問の答えをメッセージとして付せんに書きチャートを埋める
【ステップ2】貼る：［文章構成］
メッセージを書いた付せんを文章の構成に沿って順番に貼る
【ステップ3】つなぐ：［文章表現］
順番に並べたメッセージの表現を整え、文章としてつなげる

［ステップ1:埋める］①ゴール設定をする

この文章を書くことで、あなたが達成したいゴール（目標・役割・狙い）を「ワクワクするかどうか」という基準で考えてみてください。

①ゴール設定 エンパシーチャートを実践したくてウズウズしてもらう！		
⑩テーマ・タイトル ④あなたが相手に求める行動		
⑧ネガティブな 背景・本音 **⑧ネガティブな 背景・本音・ 理由**	⑤ポジティブへの 言葉がけ **⑤ポジティブ への 言葉がけ**	④あなたが相手に 求める行動 **④あなたが 相手に 求める行動**
⑥ネガティブな感情 **⑥ネガティブな 感情**	⑨ネガティブへの 言葉がけ **⑨ネガティブ への 言葉がけ**	⑩ポジティブな感情 **⑩ポジティブな 感情**

⑦ネガティブなセリフ **⑦ネガティブなセリフ**

②ポジティブなセリフ **②ポジティブなセリフ**

［ステップ1:埋める］②ポジティブなセリフを考える

あなたの文章に一番価値を感じてくれそうな具体的な1人は誰ですか？　その人は、どんな「ポジティブなセリフ」を言っていますか？

①ゴール設定 エンパシーチャートを実践したくてウズウズしてもらう！		
⑩テーマ・タイトル		
⑧ネガティブな 背景・本音	⑤ポジティブへの 言葉がけ	④あなたが相手に 求める行動

⑦ネガティブなセリフ

その人が言いそうなリアルなセリフで書く。セリフが具体的になるほど、あとから出すメッセージ（⑤）も明確になる。「なぜ？」「つまり？」「ということは？」と質問すると具体的なセリフになる。
※ターゲット設定について詳しくは、第3章の「文章を変えずに読まれるようになる、たったひとつの方法」を参考

高橋裕子さん

ここまでの内容でも十分かと思ったけど、もっと文章が上手くなりたい！

もっともっと新しいこと知りたいです！

文章が面白くなってきた！

②ポジティブなセリフ

139

［ステップ1：埋める］
セリフが次々に出てくるプレフィックスチャート（ポジティブ）

　結果の出るエンパシーチャートには、感情のこもったセリフ（②ポジティブなセリフ）が具体的に書かれています。なぜなら、セリフの質が高いと、セリフに紐づく「⑤ポジティブへの言葉がけ」の質が比例して高くなるからです。「⑤ポジティブへの言葉がけ」が出てこないという方のチャートを拝見すると、セリフ自体が少なかったり、抽象的なセリフが多い傾向があります。

　具体的で感情のこもったセリフがどんどん出てくるようになるツールが、次のプレフィックスチャートです。6マスの中にあるセリフの前に添える言葉—24個の「接頭辞」の中から、気になるもの、目に入ったものを選び、それに続くセリフを考えていくと、セリフが出やすくなります。

感情のこもった"ポジティブ"なセリフを
引き出す接頭辞（プレフィックス）

さらにセリフを
深める問い

なぜ？
つまり？
という
ことは？

喜び・勇気	満足・希望	愛情・感謝
やったーっ！ すごい！ ありがとう！ おおーっ！	確かに！ そうか！ つまり なんと！	すばらしい！ 素敵！ おかげで おもしろ〜い
興奮・感動	安心・信頼	欲求・興味
最高！ よっしゃ！ マジ？！ きたーーっ！	へ〜っ ほ〜っ なるほど それならば	もしかしたら 欲しい！だって… これ、いいじゃん！ ふふっ

やったー！
●●●できそう

最高！
●●●が
叶うかも

すばらしい！
●●●●だね

もしかしたら
●●●●●

［ステップ1：埋める］③ポジティブな感情を想像する

②でポジティブなセリフを言っているその人は、どんな「ポジティブな感情（気持ち・心理・状態）」ですか？

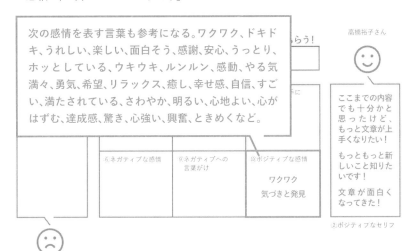

次の感情を表す言葉も参考になる。ワクワク、ドキドキ、うれしい、楽しい、面白そう、感謝、安心、うっとり、ホッとしている、ウキウキ、ルンルン、感動、やる気満々、勇気、希望、リラックス、癒し、幸せ感、自信、すごい、満たされている、さわやか、明るい、心地よい、心がはずむ、達成感、驚き、心強い、興奮、ときめくなど。

［ステップ1：埋める］④あなたが相手に求める行動を考える

その人がポジティブな状態になった結果、あなたが相手にとってほしい行動（あなたが相手に求める行動）は何ですか？

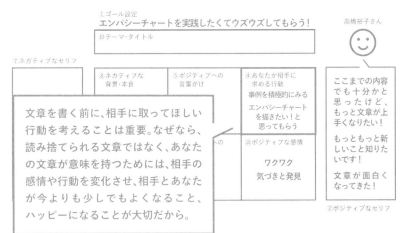

文章を書く前に、相手に取ってほしい行動を考えることは重要。なぜなら、読み捨てられる文章ではなく、あなたの文章が意味を持つためには、相手の感情や行動を変化させ、相手とあなたが今よりも少しでもよくなること、ハッピーになることが大切だから。

［ステップ1：埋める］⑤ポジティブへの言葉がけ

「ポジティブな状態」になったのは、あなたがどんな言葉がけ（メッセージ）をしたからですか？　小分けにして、付せんにメモ書きします。

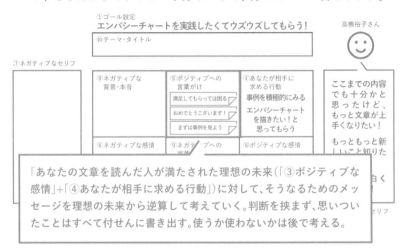

［ステップ1：埋める］⑥ネガティブな感情を想像する

「③ポジティブな感情」と真逆の「⑥ネガティブな感情」は何ですか？

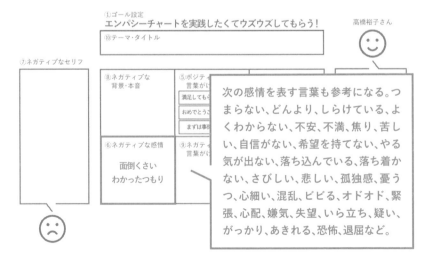

［ステップ1：埋める］⑦ネガティブなセリフを考える

「⑥ネガティブな感情」を持つ"架空の人"が、あなたの文章を読んでいるのを思い浮かべ、吹き出しに「ネガティブなセリフ」を書きます。

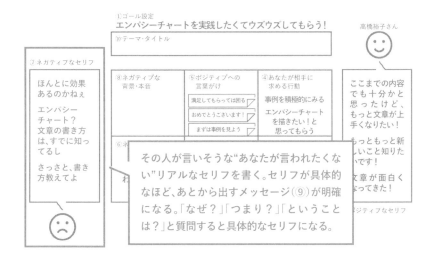

［ステップ1:埋める］セリフが次々に出てくる
プレフィックスチャート（ネガティブ）

セリフが次々に出てくるプレフィックスチャート（ポジティブ）のネガティブ版です。使い方も同じです。

プレフィックスチャートの6マスの中にあるセリフの前に添える言葉——24個の「接頭辞」の中から、気になるもの、目に入ったものを選び、それに続くセリフを考えていくと、セリフが出やすくなります。

感情のこもった"ネガティブ"なセリフを
引き出す接頭辞（プレフィックス）

さらにセリフを
深める問い

なぜ？
つまり？
という
ことは？

どうせ
●●●なんでしょ
えーと、
結局さぁ
●●●
なんでしょ
はぁ…
●●●●だね
あーやっぱりね
●●●●●

喜び・勇気	満足・希望	愛情・感謝
うそだぁー はぁ… うわ(うげっ) ふぅ〜	どうして そうは言っても えーと、結局さぁ おいおい	ふ〜ん、で？ もういいよ やれやれ いやはや

興奮・感動	安心・信頼	欲求・興味
あーやっぱりね また出た やだやだ ムリムリ	どうせ でも じゃぁ だからぁ	ちぇっ 最悪 ありえない もぉーっ

144

［ステップ1：埋める］⑧ネガティブな背景・本音・理由を考える

ネガティブな状態にある"架空の人"が、「⑦ネガティブなセリフ」を言っている理由をその背景にある本音や現実などをふまえて考えます。

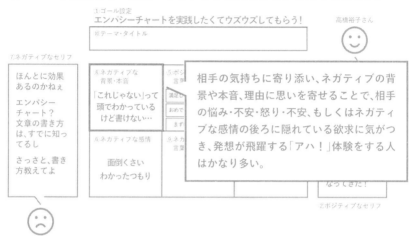

相手の気持ちに寄り添い、ネガティブの背景や本音、理由に思いを寄せることで、相手の悩み・不安・怒り・不安、もしくはネガティブな感情の後ろに隠れている欲求に気がつき、発想が飛躍する「アハ！」体験をする人はかなり多い。

［ステップ1：埋める］⑨ネガティブへの言葉がけ

「ネガティブな状態」にある人に安心してもらうために、どんな言葉をかけますか？　小分けにして、付せんにメモ書きします。

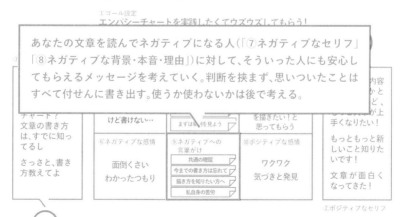

あなたの文章を読んでネガティブになる人（「⑦ネガティブなセリフ」「⑧ネガティブな背景・本音・理由」）に対して、そういった人にも安心してもらえるメッセージを考えていく。判断を挟まず、思いついたことはすべて付せんに書き出す。使うか使わないかは後で考える。

［ステップ1：埋める］⑩テーマ・タイトルをひと言で考える

このエンパシーチャートのテーマをひと言でいうと何ですか？

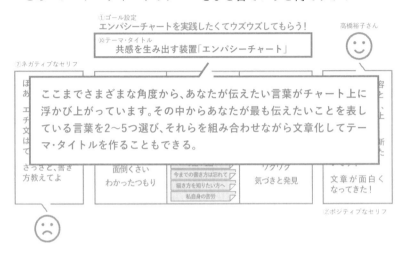

［ステップ1：埋める］が完成したエンパシーチャート

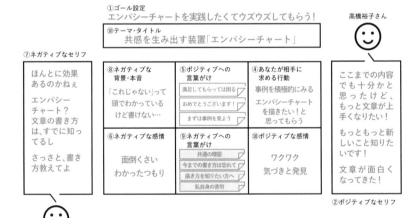

次に、文章構成を作るための［ステップ2：貼る］に進みます。

［ステップ２：貼る］①曲線を描く

　付せん(メッセージ)をマスの外によけ、右上から左下に向かって、自由な曲線を描きます。この曲線が文章構成のヒントになります。

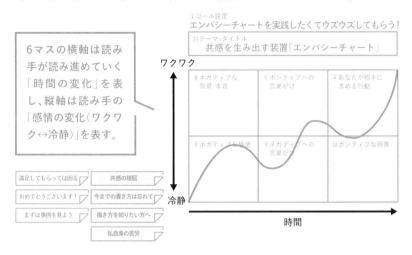

［ステップ２：貼る］②ストーリーを描く

　曲線(読み手の感情の起伏)をヒントに付せん(メッセージ)を並び替えると、共感を結果につなげる文章構成の「たたき台」ができます。

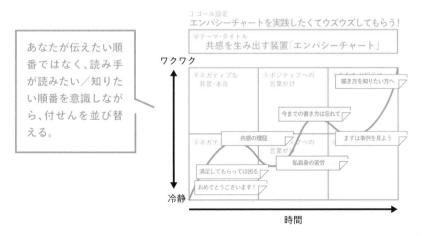

最後に、文章表現を整えるための［ステップ３：つなぐ］で、文章を仕上げていきます。

［ステップ３：つなぐ］ストーリーをもとに文章化する

付せんの順番が決まり、文章構成のたたき台ができたあと、付せんに書いたメモ書きを解凍するように文章化しながらそれらをつなげ、馴染ませ、文章を仕上げていきます。文章化する前にチャートを台本に声に出して読んでみると、頭が整理され、書きやすくなります。私は描き終わったエンパシーチャートを台本にして語った音声を文字起こししてから、それを整えて文章作成することで効率化しています。

この章の冒頭にあった下記のような付せんは、チャート事例の付せんとリンクしています。見比べていただくと、付せんから具体的にどんな文章になっているかをご確認いただけます。

また、事例はわかりやすいようにシンプル化していますが、実際には使わない付せんがあったり、付せんの追加や入れ替えをしながら、パズルのように文章を仕上げています。

目標達成率2割だった私が6か月後、全国1位に（チャート事例）

　エンパシーチャートの活用イメージを広げていただくために、派遣会社で求人担当をされていた宮腰早苗さん（富山県）の事例をご紹介します。私が宮腰さんにはじめてお会いしたときは、目標達成率2割だったそうですが、半年後に、こんなうれしいメールをいただきました。

　「エンパシーライティングとの出会いから企業様やスタッフさんから指名でお仕事をいただくことが増え、目標達成率2割だった私が6か月後、全国1位になれました。忙しいとチャートを描く時間も惜しくなりますが、考える時間でチャートを描いてしまったほうが速くより良い結果が得られるので、新規営業はもちろん、アフターフォローにも欠かせないツールです」

　宮腰さんが描かれたエンパシーチャートと、そこから文章化した求人事例をご紹介します。
　エンパシーチャート作成後は、先ほどお伝えした［ステップ3：つなぐ］の方法で、「新人向けの求人」ページの文章を作成されています。

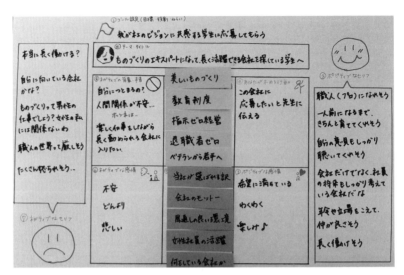

【ステップ1】埋める：［内容（メッセージ）］

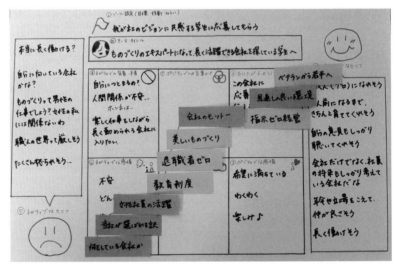

【ステップ2】 貼る：［文章構成］

ステンレス・アルミニウム・鉄などの金属を溶接にて立体化し、主に自動車・工作機械・半導体・航空機向けの機械部品を製造しています仕事内容は溶接、機械操作、切断、磨き・加工で、中でも金属の曲げ加工は、お客様より高い評価をいただいています。また、磨き・加工には女性もいます。

　現在、役立つものづくり歴30年のエキスパート職人がもつノウハウを、6ヶ月でマスターできる秘伝の書を作成中です。入社後6ヶ月間は秘伝の書を元に、プロフェッショナルへのスタート地点まで併走します。その後はできる仕事を増やし、役立つものづくりのエキスパートを目指しましょう。

　全社員が安心して長く働けるよう、子の看護や介護休暇があり、平成27年の株式会社化以降、退職者は0です。

　役立つものづくり（機能美）を追求し、人としても成長する。

　当社は「役立つものこそ美しい！」をスローガンに、仕事に誇りと自信を持ち、高い機能性と美しさを両立したものづくりで、社会に貢献しています。

　機能美を追求するには、自分たちで課題を見つけ、みんなで学びあい、助け合い、解決できるクリエイティブ集団でなければと考え「指示ゼロ経営」に取り組んでいます。

　指示ゼロ経営には、風通しの良いコミュニケーションが必要です。

　当社には、仕事の休憩時間や定期的な食事会、社員研修を通して、全社員がアイディアや気づきを共有できる場がたくさんあります。

　高い機能と美しさを合わせ持つものづくりを通して、人としても成長できる会社です。

しっかりとした主張があるのに、押しつけがましくない。仕事内容だけではなく、職人の誇りと、仕事への真摯な取り組みが伝わってきて、信頼できる会社だと感じれる素晴らしい文章だと、私は一読して思いました。あなたはどう感じましたか？

　30年間15万件に渡る製作技術・経験で培った高い技術力を買われ、大企業が共同で行う宇宙機開発にも参画している株式会社藤工業所（代表取締役 三矢学氏）の業務内容、社風がわかりやすく整理され、伝わる求人ページになっています。

　エンパシーチャートは、シンプルな6マスなので、事例のように真っ白い紙に手描きで描けます。
　印刷したチャートにアナログで描きたい方は、無料でチャートデータをダウンロードできます。デジタル派のあなたには、エンパシーチャートがパソコンで作成できるツール「iEmpathy（アイエンパシー）」がオススメです。

　どちらも巻末付録に掲載しているので、ぜひお試しください。

いいとこ取り！
穴埋めテンプレ×チャート

「エンパシーチャート」と、第4章でご紹介した「穴埋め文章作成テンプレート」には、それぞれ特徴があります。

エンパシーチャートの最大の特徴

相手のネガティブな心情にまで深く寄り添い、相手を鏡にしながら、共感されるメッセージを浮かび上がらせる。

エンパシーチャートの弱点

ランダムに描いた曲線をたよりに付せんを並び替えながら構成を整えていくので、決まりごとが少なく、文章構成の自由度が高い。

穴埋め文章作成テンプレートの
最大の特徴

型として、伝える順番があらかじめ決まっているので、文章構成に迷わず、最後まで読まれる文章が書ける。

穴埋め文章作成テンプレートの弱点

質問に答えてメッセージを出していく穴埋め形式なので、共感される

メッセージを出せるかは使い手の力量に依存する。

穴埋めテンプレート×チャートの コラボ活用

　では、ここからは２つのツールのいいとこ取りができるコラボ活用を、３ステップの手順でお伝えしていきます。

1 共感を生むメッセージの抽出

　エンパシーチャートの［ステップ１：埋める］で、共感を生むメッセージを浮かび上がらせる
※「ステップ２：貼る」「ステップ３：つなぐ」には進まず、文章構成／文章表現は、穴埋め文章作成テンプレートで行う

2 共感メッセージをテンプレートに組み込む

「１」で浮かんだ共感を生むメッセージの中から「穴埋め文章作成テンプレート」に組み込めるものを当てはめていく

3 テンプレートをすべて埋めて、文章を完成させる

「穴埋め文章作成テンプレート」で穴埋めできていない部分を埋めていきながら、文章を完成させる

あらゆる配信に対応する 文章作成ツール・マトリクス

この後、さらに2つのツールを公開していきます。

第6章「寄り添いマップ3.0」

第7章「究極のLP（ランディングページ）テンプレート
［ヒーローズステップ］」

全体像を俯瞰することで、効率的な活用ができるようになるので、各ツールの役割や位置づけをマトリクスに当てはめて解説していきます。

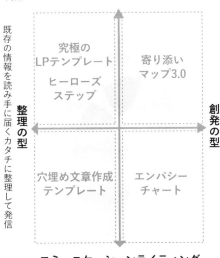

セールスライティング
商品・サービス販売が最大化され、顧客が創造される発信

ランディング
ページ／
セールス動画
価値や魅力が
深く的確に伝わる
売れるメッセージ

既存の情報を読み手に届くカタチに整理して発信

究極の
LPテンプレート
ヒーローズ
ステップ

寄り添い
マップ3.0

発想・アイデアを生み出して新しい価値を発見・発信

広告／配信ネタ／
売れる切り口
（LPヘッドラインなど）
売れる
コンセプト創出
配信ネタの創出

SNS／
LINE

整理の型

創発の型

しっかり伝わる
メッセージ
ブログ
メルマガ
動画

穴埋め文章作成
テンプレート

エンパシー
チャート

共感を生む
メッセージ
ブログ
メルマガ
動画

コミュニケーションライティング
相手が待ち遠しくなるコンテンツの発信

まずは、マトリクスの縦軸と横軸の説明からしていきます。

【横軸】
整理の型 ⟷ 創発の型

整理の型

あなたがすでに知っている既存の情報を、読み手に届くカタチに整理
して発信します。

［解決できるお悩み］文章を書くのに時間がかかってしまう……

➡時間短縮しながら、「まとまる」「読まれる」「伝わる文章」が書け
るようになる

創発の型

発想やアイデアを生み出して新しい価値を発見・発信します。

［解決できるお悩み］何を書いたらいいのかわからない……

➡アイデアをカタチにしながら、「書くことが次々と浮かび」「無理せ
ず自然に」「書きたくなる」

「整理」と「創発」を自由に行ったり来たりできるようになると、あな
たの中にある情報や想いを、スムーズに文章に落とし込めるようになり
ます。

【縦軸】
コミュニケーションライティング ⇆ セールスライティング

コミュニケーションライティング

相手が待ち遠しくなるようなコンテンツの発信をします。

［解決できるお悩み］ファンになってもらえない……

 ➡ エンゲージメント（信頼）が向上し、「共感され」「好感を持たれ」「ファン化」する

セールスライティング

商品・サービス販売が最大化され、顧客が創造される発信をします。

［解決できるお悩み］思うように売れない……

 ➡ 相手に共感され喜ばれながら、「売れる」「集まる」「選ばれる」ようになる

普段から有益なコンテンツを配信するなど、コミュニケーションライティングの下地があるほど、その後に続くセールスライティングが活きてくるのは、言うまでもありません。

4つのツールはマトリクスを
すべて満たすトータルスキル

　あなたは、４つのツールの使い方を覚えるだけで、マトリクス全体を網羅でき、さまざまな配信メディアに対応できるようになります。

　そして、それらの文章作成スキルは、あなたのビジネスの思うような飛躍につながっていきます。各章で紹介しているノウハウの復習・予習も兼ねて解説します。

第４章「穴埋め文章作成テンプレート」
　特徴：しっかり伝わるメッセージ
　位置づけ：整理の型 × コミュニケーションライティング
　主な配信メディア：ブログ、メルマガ、Youtube

　ビジネスの世界で、私が10年間文章を書いてきた実践と経験によるプロのエッセンスやテクニックを詰め込んだ、文章構成の「型（テンプレート）」です。

　反応の高かった文章構成の共通点を分析し、そこから逆算して、
　【７つの穴埋め】➡【並び替え】➡【文章化】
　という、シンプルな３ステップに落とし込んでいます。

　たった７つの穴埋めで、読み手の心をググっとつかむ反応率の高い文章が書けることから、ブログやメルマガの強い味方になります。

第5章「エンパシーチャート」
　特徴：共感を生むメッセージ
　位置づけ：創発の型 × コミュニケーションライティング
　主な配信メディア：ブログ、メルマガ、Youtube、SNS、LINE

【埋める】➡【貼る】➡【つなぐ】

　の３ステップで「結果」と「共感」を生み出す１枚のシートがエンパシーチャート。

　正しい文章やきれいな文章を書くことではなく、あなたの中にある共感力を呼び起こし、"いますぐ"に「相手の心を動かす文章」を書けるようになるツールが、エンパシーチャートです。

　読み捨てられる文章ではなく、あなたの文章が意味を持つためには、相手の感情や行動を変化させ、相手とあなたが共にハッピーになることが大切。こういったことを意識せずにできるのが、エンパシーライティングの根幹をなすエンパシーチャートを描くというプロセスです。

　《共感される文章を書く人は、人生を制す》エンパシーチャートを活用する度に、この言葉の意味があなたに浸透していきます。

第6章「寄り添いマップ3.0」
　特徴：売れるコンセプト創出／配信ネタの創出
　位置づけ：創発の型 × セールスライティング
　主な配信メディア：SNS、LINE ／広告、配信ネタの創出、売れる切り口（LPヘッドラインなど）

　５つの質問に答えていくだけで、本質を浮かび上がらせるツールです。

マップを埋めるだけで、ブログやメルマガの配信ネタが次々に創出されたり、売れる軸が定まっていきます。

「僕は、これ（寄り添いマップ）で食ってます」という広告業者の方がいるのは、応用範囲が広くパワフルな結果を生み出すからです。キャッチコピー創出に、チラシやPOP作成、コンサルティングやカウンセリング、コーチングなど、幅広い活用ができます。

第7章「究極のLPテンプレート［ヒーローズステップ］」

特徴：価値や魅力が的確に伝わる売れるメッセージ

位置づけ：整理の型 × セールスライティング

主な配信メディア：ランディングページ／セールス動画

このテンプレートが、どれほどの売上げに貢献しただろうか？

20分間で、売れる構成要素を「見える化」できるので、このテンプレートを知っているだけで、大幅な時間短縮とともに、クオリティの高いLPを生み出すことができます。

ランディングページの全体構成を高い視点で把握し、"共感され・売れる文章ストーリー構築"をスムーズに完成させるための究極のLPテンプレートも、絶対に知っていただきたいノウハウです。

売れるシナリオ構成ですので、ランディングページに限らず、セールス動画にもそのままご活用いただけます。

（巻末付録には、ヒーローズステップを企画書に最適化した「上司にYESと言わせる企画書」テンプレートも掲載）

※「主な配信メディア」については、たとえば、コミュニケーションライティング側に位置しているメルマガでセールスすることもありますので、きっちりと切り分けられるものではありませんが、便宜的に分けて考えておくと理解しやすくなります

エンパシーチャートで
社内文書を書く

目安の時間
20分

1 文章を書く「お題」を決める

社内業務で使う文章をお題として設定する。

2 エンパシーチャート®を描く

個人 or グループで、エンパシーチャートで文章を作る。

3 発表＆フィードバック

　作成した文章を個人or各グループで発表し、発表が終わったらお互いにポジティブなフィードバックを行います。

　（完成したエンパシーチャートを見ながら、1人 or 1グループ1分30秒程度で発表する）

COLUMN

$$
\boxed{
\begin{array}{c}
\text{メリットとベネフィットの違いと} \\
\text{世界一短いセールスメッセージ}
\end{array}
}
$$

ビジネスにおいて、極めて重要な「ベネフィット」。

ベネフィットと似たような言葉に「メリット」がありますが、この違いを明確に区別することで、ベネフィットの理解が深まります。

「この商品・サービスのベネフィットはなんですか?」

クライアントにこの質問をすると、ほぼ100%の方がメリットを語りはじめます。メリットとベネフィットを明確に区別して考えることで、顧客の心に刺さる切り口が浮かび上がってきます。

メリット:商品のウリ・特徴・利点
➡商品・サービス(売り手)が主語
ベネフィット:メリットによってもたらされるよいこと(体験・変化・利益)
➡顧客(買い手)が主語

さて、顧客が知りたいのは、「メリット」と「ベネフィット」のどちらでしょうか?

顧客が知りたいのは「メリット(機能)」ではなく「ベネフィット(得)」なのです!

顧客は、「メリット(機能)」ではなく「ベネフィット(得)」を求めて購入します。「メリット(機能)」を提供されて、「私が具体的にどんな得をするのか?」だけに顧客は興味を持っているからです。

世界一短いセールスメッセージは、次の一文に集約されます。

　私は、商品・サービスを通じて「ターゲット（顧客）」に、「メリット」を提供します。
　その結果、顧客は、「ベネフィット」を得ます。

　たとえば、エンパシーチャートの「メリット」と「ベネフィット」をわかりやすく比較してみましょう。

エンパシーチャートの「メリット」は？
（エンパシーチャートは）共感を生む文章作成フレームワーク
➡「エンパシーチャート」が主語

エンパシーチャートの「ベネフィット」は？
（あなたが）共感され、結果の出る文章が書けるようになる
➡「あなた」が主語
　これを世界一短いセールスメッセージに当てはめてみると、

　私は、「文章が書けずに苦しんでいる人（ターゲット）」に、「共感を生む文章作成フレームワーク（メリット）」を提供します。
　その結果、顧客は「共感され、結果のでる文章が書けるようになります（ベネフィット）」。

「メリット」と「ベネフィット」の関係を図にすると、次のようになります。

商品のウリ・特徴・利点

メリット

商品（売り手）が主語

ベネフィット

商品のウリ・特徴によって
もたらされるよいこと
（体験・変化・利益）

あなたが〇〇になる
あなたが〇〇を得る
あなたが〇〇できるようになる

相手（買い手）が主語

　比較的「メリット」は思いつきやすいので、「メリット」をリストアップしてから、

「メリット だからこそ？　◎◎（ベネフィット）」
「メリット のおかげで？　◎◎（ベネフィット）」
　という質問を自分に投げかけてみてください。

　この「◎◎」が、あなたの商品・サービスの「ベネフィット」になります。

　次の第6章で紹介する「寄り添いマップ3.0」で、ターゲット・メリット・ベネフィットの関係性への理解が一気に深まります。

新しい配信ネタが次々に湧いてくる

超速!
寄り添いマップ

ここから先は、あなたを「売れる文章」の世界にお連れします。

ランディングページ（**LP**）という言葉を聞いたことはありますか？

ホームページが商品を閲覧するための「パンフレット」だとすれば、ランディングページは、売上げに直結するデジタルの「チラシ」です。

今のところ、ランディングページまでは必要ないという方も、サラッと読んでおいてください。
詳細な説明は飛ばし読みしながら、なんとなくでも「こんなことが書いてあったなぁ」と頭の片隅にうっすら覚えておけば、いざそういうときに、きっと役に立つはずです。

ランディングページの
効果を最大化する秘訣

　次の7章では、究極の売れるランディングページ・テンプレートをご紹介していきます。

　あなたのために日夜無休で働いてくれる、なんとも心強いセールスパーソンであり、売上げの鍵を握る、売上げに最も近い1枚のWEBページがランディングページです。そう考えれば、売れるランディングページは、ビジネスの飛躍に大きなインパクトを与えるセンターピンです。

　その前に、ここからお伝えするランディングページの効果を最大化する方法を知っておくと、あなたは仕事量を減らしながら、さらに売上げを引き上げられるようになります。

　いくら優れたランディングページをつくっても、それだけでは砂漠のコンビニ状態です。誰も来てくれません。アクセスがゼロだと、当然、売上げもゼロです。

　SNSやブログ、メルマガ、広告などから、ランディングページにアクセスしてもらう導線（入口）があってはじめて、ランディングページは機能しはじめます。

　そして、ランディングページに訪れる前の期待値が高いほど、成約率は高くなります。ここは、極めて重要なポイントです。

　たとえば、あなたがマクドナルドのフィレオフィッシュ派だとします。しかし、友人から、「ビックマックはソースが決め手！　食べたこと

がないなんて人生損してる」と言われ、期待値が上がっていたら、ビックマックを食べる確率は明らかに変わってくるはずです。

　つまり、期待値によって人の行動は変化するのです。ランディングページの文脈に当てはめれば、

「ランディングページの訴求力」×「ランディングページに訪れる前の期待値」

　これが成約率に反映されるということです。

「売れているランディングページを真似しているのに、なぜ売れないのでしょうか？」と、恥ずかしそうにこっそり質問に来る方がいます。

　答えはおわかりの通り、「ランディングページに訪れる前の期待値」が考慮されていないからです。どうやってランディングページにたどり着いてもらうのか？　という全体ストーリーを無視して、表面だけを真似しても上手く行かないことが多いです。

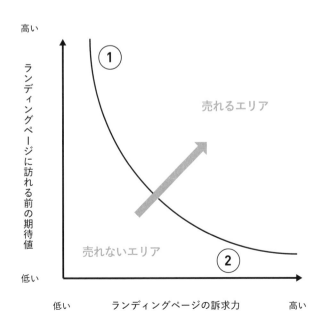

図にある①の位置で、ランディングページの訴求力がそれなりでも、ランディングページに訪れる前の期待値が高ければ、「売れるエリア」に入ります。逆に、図にある②の位置で、ランディングページの訴求力がバツグンでも、ランディングページに訪れる前の期待値が極端に低ければ、「売れないエリア」に入ります。

　ランディングページを開く前の期待値を引き上げることで、売上げが数倍になることは、まったく珍しくありません。
　この期待値を上げることが、ランディングページの効果を最大化する秘訣です。

　具体的には、SNSやメルマガ、ブログ、LINE、ネット広告などで期待値を上げることができます。この期待値を上げることをマーケティングと捉えれば、

「マーケティングの目的は、セールスを不要にすることだ」
　という、経営の神様ピーター・ドラッカーの言葉が沁み渡るかと思います。

新しい配信ネタが次々に湧く！
「寄り添いマップ3.0」

「同じ商品やサービスをブログやメルマガで何度も紹介すると、しつこくないですか？」

と悩んでいる人も、期待値を上げるマーケティングを理解すると、さまざまな切り口で、読み手に価値を提供しながら商品・サービスを紹介するステージに移行できます。すると、次に出てくるお悩みが、

「もう配信ネタがありません……」

そこで登場するのが「寄り添いマップ3.0」です。

「寄り添いマップ3.0」は、もともと私のコンサルティングツールであり、このツールだけでも1冊の本になるほど、即効性がありながらも、本質を浮かび上がらせるツールです。実際、こんな反響が届いています。

> 「寄り添いマップ」は、もはやライティングのサポートツールにとどまりません。ビジネスモデルの設計や商品・サービス開発といったクリエイティビティを求められるシーン、そしてコンサルティング・コーチング・ファシリテーションといった人の成長をサポートする為の思考のフレームワークとしても、これ以上無いほどの完成度です。
>
> （岩佐和紀さん　長野県　43才　プログラマー）

そのため、キャッチコピー創出に、チラシやPOP作成、コンサルティングやカウンセリング、コーチングなど活用シーンも幅広いのですが、まずは配信ネタが次々に湧いてくる使い方をお伝えしていきます。

準備として「あなたが売りたい商品・サービス」と、それを誰に届けたいか？という「ターゲット設定」をします。その後に、たった5つの質問に答えていくだけのシンプルなツールなのですが、そこから次々に生まれてくる言葉に、あなた自身が驚くことになります。

私がマーケテイング・ディレクターとしてお手伝いしている、「Logmeets（ログミーツ）」という商品の事例で解説していきます。
もう少し前提を共有しますと、「Logmeets（ログミーツ）」はAI自動文字起こしができる、ありそうでなかったICレコーダーです。現在開発が進んでおり、近日サービスインされるプロダクトです（2020年7月現在）。

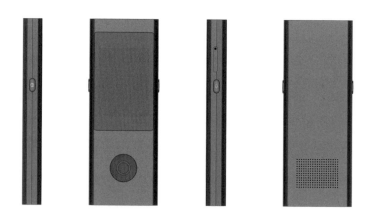

AI自動文字起こしICレコーダー Logmeets（ログミーツ）

さまざまな切り口の商品魅力を浮かび上がらせるために描いたのが、次の「寄り添いマップ3.0」です。

［ 準備 ］

「寄り添いマップ3.0」を描く対象となる「商品・サービス」と「ターゲット（具体的に実在する１人）」を決める
※ターゲット設定について詳しくは、P89を参照

【事例】
　　商品・サービス：Logmeets（ログミーツ）
　　ターゲット（対象顧客）：佐藤篤彦さん（IT系企業の若手社員）

　準備ができたら、「寄り添いマップ3.0」の５つの質問への答えをメモ書きした付せんで各ブロック（①〜⑤）を埋めていきます。
　５つの質問への回答は、アイデアのブレインストーミングだと思って、考えすぎずリラックスして、肩の力を抜いて取り組んでください。
　また、寄り添いマップを埋めていくときには、思いついたことをすべて書き留めていきます。取捨選択は最後の作業になります。

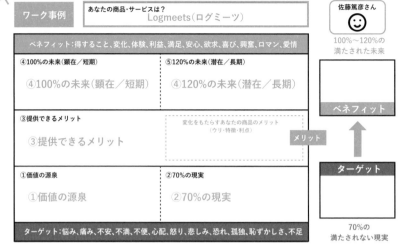

質問とは直接関係なく思えることでも、それが必要かどうかや良い悪いなどの判断を差し挟まず、"もったいない"ので思い浮かんだことはすべて書き留めておきます。

この瞬間にしか思いつかないことがありますし、どこかで使えるアイデアに変わる可能性があります。

［ ①価値の源泉 ］

なぜ、今あなたから買わないと、その人は損（後悔）をするのですか？

【穴埋め式で考える】 ※××を埋める言葉を考えてみましょう

これ、私から今買わないとヤバイよ。

そうしないと ×× になっちゃうから。

「損」という強い言葉をあえて使っているのは、現状の枠組みや思い込

みを壊すためでもありますが、もしあなたの商品を手にしないことで「損」するくらいのインパクトがなければ、その人にとって買う理由がない、あなたの商品・サービスが選ばれる優位性がないと考えています。

　第3章でご紹介した「プロスペクト理論（P93参照）」を、誤解を恐れずにひと言で言ってしまえば、「得」をするより「損」をしない。そういった人間心理を踏まえて、まずは「損」という痛みにフォーカスすることで、一気にターゲットとあなた（の商品・サービス）の関係性を深めていきます。

　このように「寄り添いマップ3.0」のはじめの質問「①価値の源泉」は、もっとも重要です。なぜならこの質問だけでも、顧客が買う理由が浮かび上がり、あなたのビジネスが動き出す大きなきっかけになるかもしれないからです。

［ 顧客が購入前に解消したい3つの疑問 ］

「①価値の源泉」の質問

なぜ、今あなたから買わないと、その人は損（後悔）をするのですか？
この質問を3つに分解すると、さらにわかりやすくなります。
　本人が意識しているかは別として、顧客の頭の中では購入する前に、次の3つの疑問が浮かんでいます。

- なぜ「私」が買わなければならないのか（Why me？）
- なぜ「あなたから」買わなければならないのか（Why you？）
- なぜ「今」買わなければならないのか（Why now？）

　逆に言ってしまえば、この3つが解消されれば顧客は行動（購入）す

る、ということです。

【事例】

・なぜ「私」が買わなければ、損をするのか？（Why me？）

　議事録作成に時間を奪われ、仕事に追われ、疲れ果ててしまうから。

　↓　［ ①価値の源泉 ］ の付せんにメモ書きとして書くと…

議事録に時間を奪われる

・なぜ「あなたから」買わなければならないのか？（Why now？）

　貴重な社内データが毎日失われてしまうから。

　↓　［ ①価値の源泉 ］ の付せんにメモ書きとして書くと…

社内データの損失

・なぜ「今」買わなければならないのか？（Why you？）

　Logmeets 1台でできることを、いろいろな機器やスマホアプリの組み合せでやろうとすれば、余計な手間がかかり複雑化してしまうから。

　↓　［ ①価値の源泉 ］ の付せんにメモ書きとして書くと…

余計な手間や複雑化

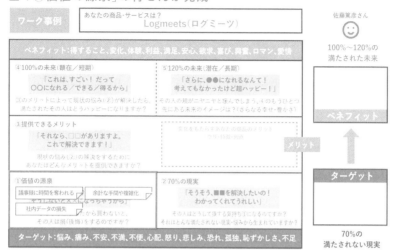

　このように、思いついた内容を付せんにメモ書きとして書き留め、寄り添いマップの左下ブロック「①価値の源泉」に貼っていきます。

［ ②70％の現実 ］

　次に、どうして損する気持ち（①）になるのかを考えていきます。
それは、どんな満たされない現実・悩みから生まれていますか？

【穴埋め式で考える】　※■■を埋める言葉を考えてみましょう
　そうそう、■■を解決したいの！
　わかってくれてうれしい

「①価値の源泉」の質問から出たきた答え（付せんのメモ書き）を振り返りながら、なぜ顧客は「損」に感じるのか？　その理由を考えてみる

と、それがそのままあなたの商品・サービスと関連したターゲットの満たされない現実の悩み・痛みになります。「ターゲットの悩みは何ですか？」という質問が一般的なコンサルティングなどで行われますが、いきなりのその質問には答えられなかったり、商品とはまったく関係ない悩みまで出てきてしまい、余計な混乱を引き起こすことがあります。しかしながら、先に「①価値の源泉」について考えることで、スムーズにターゲットの悩み・痛みにアプローチできるようになります。

【事例】
［①価値の源泉 ］

> 議事録に時間を奪われる

↓ ということは、悩みや課題はいったいなんだろう？
［②70％の現実 ］

議事録を作らなきゃいけないと思うと、会議が憂鬱でしょうがない。

文字起こしするだけでも膨大な時間や手間がかかるのに、それを頑張って仕上げても、見てもらえないことすら多々ある。

↓ 新しい付せんにメモ書きとして書くと…

> 会議が憂鬱

［①価値の源泉 ］

> 社内データの損失

↓ ということは、悩みや課題はいったいなんだろう？
［②70％の現実 ］

録音しても管理されていない音声データが溜まる一方で、まったく活

用できていない。

↓ 新しい付せんにメモ書きとして書くと…

> データが溜まる一方

[**①価値の源泉**]

> 社内データの損失

↓ ということは、悩みや課題はいったいなんだろう？

[**②70%の現実**]

　必要なデータを探すためには音声を聞き直さなければいけないので、現実的には記憶に頼って探す以外の方法がなく、膨大な時間がかかってしまう。

↓ 新しい付せんにメモ書きとして書くと…

> 記憶頼り

[**①価値の源泉**]

> 余計な手間や複雑化

↓ ということは、悩みや課題はいったいなんだろう？

[**②70%の現実**]

　あれこれ工夫しても結局は業務効率化できないし、あれこれもう正直めんどうすぎる。

↓ 新しい付せんにメモ書きとして書くと…

> 結局は業務効率化できない

■「②70%の現実」の付せんが完成

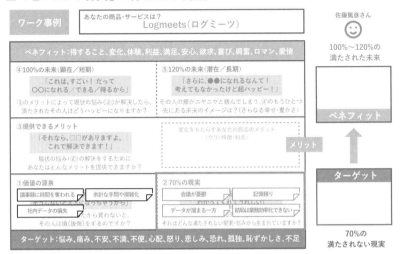

「②70%の現実」の付せんを書き出すコツ1

「①価値の源泉」の1つひとつの付せんに対して、「②70%の現実」を考えていくとわかりやすい。「①価値の源泉」の1つの付せんに対して、複数の「②70%の現実」が思いつくこともあれば、逆にひとつも思いつかないこともあるので、柔軟に捉えながら考え込みすぎず、思い浮かんだことをすべて書き留めておく。

「②70%の現実」の付せんを書き出すコツ2

「①価値の源泉」↔「②70%の現実」間での付せんの移動は自由なので厳密に区別する必要はなく、似たような内容になってもOK。どうしても迷って手が止まってしまうようなら、同じ付せんを①②の両方に貼る。

［ ③提供できるメリット ］

　現状の悩み（②）を解決するために、あなたはどんなメリットを提供できますか？

【穴埋め式で考える】 ※□□を埋める言葉を考えてみましょう

　それなら、□□がありますよ。

　これで解決できます！

　「②70％の現実」には、満たされない現状の悩み・痛みが出てきています。この悩みを解決することがあなたのビジネスそのものです。

　顧客の悩みや痛みを解決するために、あなた（の商品・サービス）は、どんなメリットを提供できるでしょうか？

【事例】

［ ②**70％の現実** ］

会議が憂鬱

　⬇ この悩みを解決できるあなたの商品・サービスのメリットは？

［ ③**提供できるメリット** ］

　AI自動文字起こしで、議事録作成の時間を１０分の１にできる。

　⬇ 新しい付せんにメモ書きとして書くと…

AI自動文字起こしで1/10

［ ②**70％の現実** ］

データが溜まる一方

記憶頼り

↓ この悩みを解決できるあなたの商品・サービスのメリットは？

［ ③**提供できるメリット** ］

　文字起こし音声データをシンプルな管理ページで自由に編集管理できる。

↓ 新しい付せんにメモ書きとして書くと…

自由にデータ編集管理

［ ②**70％の現実** ］

結局は効率化できない

↓ この悩みを解決できるあなたの商品・サービスのメリットは？

［ ③**提供できるメリット** ］

　Logmeets が 1 台あれば、あなたはボタンを押すだけで OK というシンプル効率化。

↓ 新しい付せんにメモ書きとして書くと…

ボタンを押すだけでOK

■「③提供できるメリット」の付せんが完成

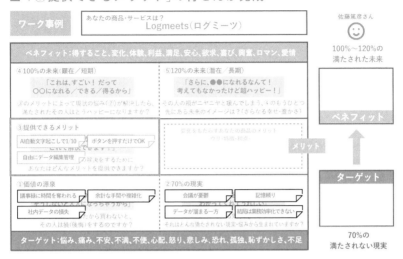

ワーク事例　あなたの商品・サービスは？　Logmeets（ログミーツ）

佐藤篤彦さん
☺

100%〜120%の満たされた未来

ベネフィット：得すること、変化、体験、利益、満足、安心、欲求、喜び、興奮、ロマン、愛情

④100%の未来（顕在／短期）

「これは、すごい！だって
○○になれる／できる／得るから」

⑤のメリットによって現状の悩み（？）が解消したら、満たされたその人はどうハッピーになりますか？

⑤120%の未来（潜在／長期）

「さらに、●●になれるなんて！
考えてもなかったけど超ハッピー！」

その人の顔がニヤニヤと緩んでしまう、④のもうひとつ先にある未来のイメージは？（さらなる幸せ・豊かさ）

③提供できるメリット

AI自動文字起こしで1/10　　ボタンを押すだけでOK

自由にデータ編集管理

あなたはどんなメリットを提供できますか？

変化をもたらすあなたの商品のメリット
（ウリ・特徴・利点）

メリット

ベネフィット

↑

ターゲット

①価値の源泉

議事録に時間を奪われる　余計な手間や複雑化

社内データの損失

その人は損（後悔）をするのですか？

②70%の現実

会議が憂鬱　　記憶頼り

データが溜まる一方　結局は業務効率化できない

それはどんな満たされない現実・悩みから生まれていますか？

ターゲット：悩み、痛み、不安、不満、不便、心配、怒り、悲しみ、恐れ、孤独、恥ずかしさ、不足

70%の満たされない現実

「③提供できるメリット」の付せんを書き出すコツ

　メリットとは、あなたの商品・サービスの「ウリ・特徴・利点」。

「私の商品・サービスは、○○ができます／○○というウリ・特徴・利点があります」の○○に入るものがメリットとなる。

※メリットについて詳しくは、P163を参照

［④100％の未来（顕在／短期）］

「③提供できるメリット」によって、現状の悩み（②）が解決したら、満たされたその人はどうハッピーになりますか？

【穴埋め式で考える】　※○○を埋める言葉を考えてみましょう

これはすごい！

だって、○○になれる／できる／得るから

「②70％の現実」の悩みが「③提供できるメリット」によって解消されるその人の未来に想いを寄せていきます。

満たされたその人は、どうハッピーになりますか？　あなたの商品・サービスを手にしたその人が、具体的にどういったポジティブな状態になっているかをイメージしながら、質問とは直接関係なく思えることでも、思い浮かんだことをすべて書き留めていきます。

ぜひ、具体的にイメージしてみてください。あなた（の商品・サービス）との出会いによって、顧客がハッピーになっていくその姿は、あなたがビジネスに取り組むさらなるモチベーションにもつながります。

【事例】
［④100％の未来（顕在／短期）］

議事録作成の不毛な労働から解放され、新しく生まれた時間を有意義に使えるようになる。

議事録労働からの解放

［④100%の未来（顕在／短期）］

　音声を取りこぼしなくキャッチして文字保存できるので、社内データ

> 社内データの資産化

を資産化できるようになる。

［④100%の未来（顕在／短期）］

> 大幅コスト削減

　議事録作成コストが30分の１以下になり経営的にも楽になる。

■「④100%の未来（顕在／短期）」の付せんが完成

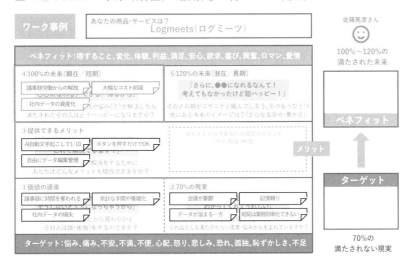

「④100%の未来（顕在／短期）」を書き出すコツ

　「④100%の未来」は、顕在的あるいは短期的に実現できるような、わかりやすいベネフィット（P163参照）をイメージしていく。

［⑤120％の未来（潜在／長期）］

その人の頬がニヤニヤと緩んでしまう、「④100％の未来」のもうひとつ先にある未来のイメージは？（さらなる幸せ・豊かさ）

【穴埋め式で考える】 ※◎◎を埋める言葉を考えてみましょう

さらに、◎◎になれるなんて！
考えてもなかったけど超ハッピー！

満たされた未来―――「④100％の未来」と「⑤120％の未来」は、④100％➡⑤120％と２段階で考えながら、それぞれベネフィット（得すること、変化、体験、利益、満足、安心、欲求、喜び、興奮、ロマン、愛情など）を創出していきます。

どうして120％を考えるかといえば、これだけ商品があふれる時代において100％の満足は当たり前となり、顧客に感動してもらうことができなくなっているからです。

100％を前提として、顧客がまだ気づいていないような120％の未来を創造することで、100％からはみ出した20％の分だけ顧客に感動が生まれ、さらに喜んでもらうことができます。そして、その感動は口コミとなって広がり、あなたのビジネスを長期的に安定させる原動力となりますので、ぜひ具体的にイメージしてみてください。

【事例】

［⑤**120％の未来（潜在／長期）**］

「議事録まだかー！」という議事録ハラスメントが会社からなくなる。

脱ギジハラ

［⑤120％の未来（潜在／長期）］

会話をしながらメモするストレスから卒業できる。

会話メモも安心

■「⑤120％の未来（潜在／長期）」の付せんが完成

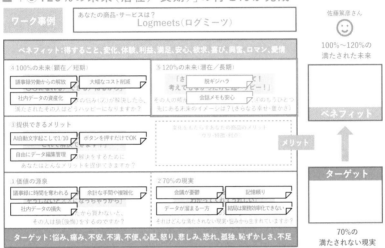

> ワーク事例
>
> あなたの商品・サービスは？
> Logmeets（ログミーツ）
>
> 佐藤篤彦さん
> ☺
> 100％〜120％の
> 満たされた未来

「⑤120％の未来（潜在／長期）」の付せんを書き出すコツ1

「④100％の未来」↔「⑤120％の未来」間での付せんの移動は自由なので厳密に区別する必要はなく、似たような内容になってもOK。リラックスしてマップを埋めていく。どうしても迷って手が止まってしまうようなら、同じ付せんを④⑤の両方に貼る。

「⑤120％の未来（潜在／長期）」の付せんを書き出すコツ2

「⑤120％の未来」は、相手がまだ気がついてきないような潜在的なベネフィット、あるいは、「④100％の未来」から時間が経過してから実現

するベネフィットをイメージしていく。

例1：掃除機

100％：力強い吸引力で、いままで取れなかった細かいゴミやチリまでスッキリ

　　↓ そうなると、さらに……

120％：掃除が楽しくなって、お部屋がいつもピッカピカ！　仕事も家事もはかどる

例2：デジタル・マーケティング

100％：これまでの手作業が自動化され、仕事時間を減らしながら、生産性大幅アップ

　　↓ そうなると、さらに……

120％：時間短縮しながら売上げアップ！　社員の給料もモチベーションもダブルアップ

「寄り添いマップ3.0」から出た付せんが新しい配信ネタになる

「寄り添いマップ3.0」の5つの質問に答えながら埋めた付せんだけを取り出せば、それらがそのまま配信ネタになります。

付せんだけを取り出してみます。

[①価値の源泉]

議事録に時間を奪われる

社内データの損失

余計な手間や複雑化

[②70%の現実]

会議が憂鬱

データが溜まる一方

記憶頼り

結局は業務効率化できない

[③提供できるメリット]

AI自動文字起こしで1/10

自由にデータ編集管理

ボタンを押すだけでOK

[④100％の未来（顕在／短期）]

議事録労働からの解放

社内データの資産化

大幅コスト削減

[⑤120％の未来（潜在／長期）]

脱ギジハラ

会話メモも安心

　単純に考えれば、これら15の付せんを、それぞれ記事のネタにすることができます。書くネタが見つかれば、ここまでに紹介した、SNS文章作成ゲームや穴埋め文章作成テンプレート、エンパシーチャートで文章化していくだけです。

イメージをしていただくために、いくつかランダムに選んだ付せんから、媒体ごとの配信タイトル例を考えてみます。

[②70%の現実]から生まれる記事ネタ

> 会議が憂鬱

↓

[メルマガタイトル（切り口）]
新入社員が会議イヤイヤ症候群になる理由、第1位は？

[③提供できるメリット]から生まれる記事ネタ

> AI自動文字起こしで1/10

↓

[フェイスブック投稿（切り口）]
議事録作成時間が10分の1になったら、世界が変わった

[④100%の未来（顕在／短期）]から生まれる記事ネタ

> 社内データの資産化

↓

[ブログタイトル（切り口）]
会議をすべて文字データにしたら宝の山だった

[⑤**120％の未来**（潜在／長期）] から生まれる記事ネタ

> 脱ギジハラ

↓

[**Youtube**タイトル（切り口）]
「会議の議事録まだかーっ！」のギジハラ（議事録ハラスメント）を会社からなくす方法

　さて、付せんの内容をヒントにして、次から次に配信ネタ（切り口）が生まれるイメージができたでしょうか？
　ここでも考えすぎず、アイデアを広げていくイメージで、どんどん思いつくままに書き出してみてください。

これが定まらないと売れない！
3つの要素とは？

「寄り添いマップ3.0」さらなる真骨頂は、実はここからです。

　さっそくですが、具体的な事例から入ります。

　ここまでの「寄り添いマップ3.0」を埋めてきた作業は、ブレインストーミングですので、良い悪いの判断を挟まず、思いついたものをすべて付せんに書き留めてきました。

　アイデアの発散をしながら、寄り添いマップの5つの質問を埋めてきた作業で、顧客のカスタマージャーニーが浮かび上がり、

- 顧客が本当に求めているもの
- あなたが提供している商品・サービスの価値や意義
- あなた自身（会社）

についての理解が深まっているかと思います。

　次は、拡散させた思考を収束させていきます。すると、あなたの商品・サービスが、顧客が求める本質的な価値にフィットしはじめます。

　顧客の課題を解決し、満足させる商品・サービスを提供し、それが適切な市場に受け入れられている状態のことを、プロダクト・マーケット・フィット（PMF）と言ったりもします。大袈裟な言い方をしましたが、やり方は簡単ですのでご安心ください。

【ターゲット】と【ベネフィット】というシンプルな構図

あなたが何を言いたいかではなく、相手の視点に立って、

【ターゲット】:「**① 価値の源泉**」/「**② 70％の現実**」

に貼った付せんの中から、顧客の悩みや痛みにピタッと一致している付せん。そして、

【ベネフィット】:「**④ 100％の未来**」/「**⑤ 120％の未来**」

に貼った付せんの中から、顧客に響くベネフィットの付せんを、それぞれ1～3つほどの付せんを選び（多く選びすぎると、まとまりにくくなるため）、右側の【ターゲット】【ベネフィット】のボックスにスライドさせます。

すると、【ターゲット】の状態が【ベネフィット】に変化するという、シンプルな構図がみえてきます。

シンプルに考えれば、顧客があなたの商品・サービスを手にするのは、満たされていない現状（ターゲット）を満たし、素敵な未来（ベネフィット）を手にするためです。

【事例】
ターゲット（「①価値の源泉」/「②70％の現実」から選択した付せん）
[**①価値の源泉**]

> 議事録に時間を奪われる

[②70%の現実]

[②**70%の現実**]

会議が憂鬱

結局は業務効率化できない

ベネフィット（「④100%の未来」/「⑤120%の未来」から選択した付せん）

[④**100%の未来（顕在／短期）**]

議事録労働からの解放

[⑤**120%の未来（潜在／長期）**]

会話メモも安心

■「ベネフィット」と「ターゲット」が完成

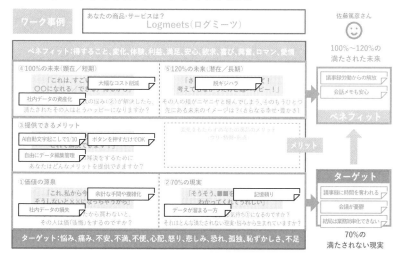

【ターゲット】選択基準のヒント

【ターゲット】のボックスに「①価値の源泉」／「②７０％の現実」から選んだ付せんを移動させます。「①価値の源泉」からの選択が多くなると、表現がきつく（煽りに）なる傾向があるのでバランスが重要です。「②70％の現実」をメインに選ぶのがオススメです。

　また、あなたが顧客にしたいターゲットの特徴を浮かび上がせ絞り込む──「ターゲット設定」が明確なほど、あなたが出逢いたい顧客を引き寄せることができます。それは、あなたが長期的にビジネスを展開していく上でとても重要です。

【ベネフィット】の選択基準のヒント

【ベネフィット】のボックスに「④100％の未来」／「⑤120％の未来」から選んだ付せんを移動させます。「⑤120％の未来」からの選択が多くなると、先の未来に偏りすぎて浮ついた印象になる傾向があるのでバランスが重要です。「④100％の未来」をメインに選ぶのがオススメです。

　浮ついて感じる理由───「⑤120％の未来」に浮かび上がってくる内容は、あなたの想いやビジョン、世界観を投影していることが多く、必ずしも顧客にとって直感的にわかりやすいベネフィットではないからです。しかし、先にある顧客の120％の未来に想いを寄せることは、あなたの世界観が浮かび上がる大きなヒントになりますので、ぜひ静かな環境で集中して考えてみてください。

コア・トライアングルに集約させる

【ターゲット】の状態を【ベネフィット】に変化させるのが、まさにあなたの商品・サービス（メリット）となります。

そこで、次に【ターゲット】と【ベネフィット】をつなぐ【メリット】を選んでいきます。【ターゲット】→【ベネフィット】という顧客の体験や変化、利益を生み出すための―――【メリット】：「③あなたが提供できるメリット」から付せんを1〜3ほど選び、右側の枠にスライドさせます。

※メリットにはシンプルに「商品・サービス名」を入れてもOKです

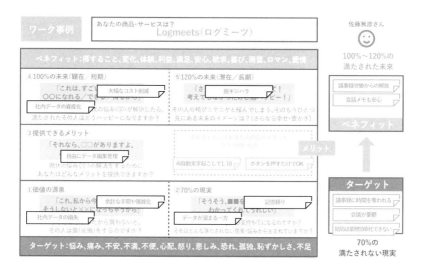

5つの質問に沿ってブレインストーミングのように生まれた、たくさんのアイデア（付せん）が、【ターゲット】→【メリット】→【ベネフィット】の3つの要素からなる『コア・トライアングル（売れる軸）』に集約されました。

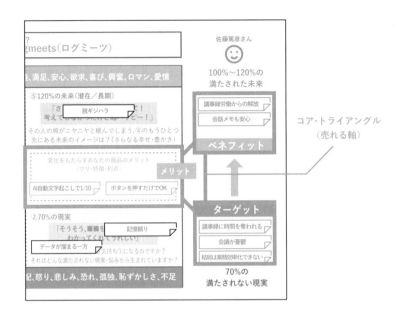

　コア・トライアングル（売れる軸の）付せんだけを取り出し、文章化してみると次のようになります。

【ターゲット】

　議事録作成に時間を奪われ続けているのに業務効率化できず、会議が憂鬱でしょうがない佐藤さん。

　そんな佐藤さんに、私は【メリット】――――

　ボタンひとつのAI自動文字起こしで、議事録作成の時間を10分の1にできるLogmeets（ログミーツ）を提供します。

　その結果、佐藤さんは【ベネフィット】――――

　議事録作成の不毛な労働から解放され、メモさえ最小限ですむようになり、生産性大幅アップ。新しく生まれた時間を有意義に使えるようになる。

コア・トライアングルという売れる軸

明確になったコア・トライアングル（売れる軸）は、強力なエンジンになります。なぜなら、

- 確信を捉えた「キャッチコピー」を生み出すための素材
- 顧客の心をつかむ「チラシ」や「POP」に掲載する中心的情報

にもなり、

- 本質を浮かび上がらせる『寄り添いマップ3.0』のプロセスが、「コンサルティング」や「カウンセリング」「コーチング」にも、活用いただけるからです。

さらには、次の第7章で詳しくお伝えするランディングページも、一気に書きやすくなります。コア・トライアングル（売れる軸）が定まっていない状態で、ランディングページに取りかかると、売れる切り口をみつけるために、行ったり来たりしながら、手探りで書き続けることになります（これはなかなかしんどい）。

しかし、コア・トライアングル（売れる軸）が定まっていると、体幹の強いアスリートが高いパフォーマンスを出せるように、ブレのないランディングページを最短距離で創れるようになります。

「寄り添いマップ3.0」は、エンパシーチャートと同じように、真っ白い紙に手描きで描けます。印刷したマップにアナログで描きたい方は、無料で「寄り添いマップ3.0」データをダウンロードできます。デジタル派のあなたには、「iEmpathy（アイエンパシー）」で「寄り添いマップ」が使えるようになる、無料アップグレードもご活用ください。

どちらも巻末付録に掲載しています。

勝負！ひとつの題材から
配信ネタを生み出す

目安の時間
20分

1 商品・サービスをひとつ決める

配信ネタを出したい商品・サービスをひとつ決めます。

2 寄り添いマップ3.0を描く

個人 or グループごとに『寄り添いマップ3.0』を描き、配信ネタを
出します。

3 発表＆フィードバック

浮かび上がった配信ネタを個人or各グループで発表し、配信ネタの数
（質でもOK）で勝敗を決めます。

勝者が決まったら、お互いにポジティブなフィードバックを行い
ます。

COLUMN

高校生向けチラシを
「寄り添いマップ3.0」で作成

　山形県が、高校を卒業する３年生をつなぐLINE公式アカウントをはじめるという素敵な企画。その相談をいただき、次のチラシ文章をご提案しました。
※残念ながら採用はされませんでしたが、電車ホームのポスターにしたいなど、周りでは大好評でした

山形には戻らない、
そう心に決めた人もいる。
地元では仕事がなかったり、夜遅くまで遊べなかったり。
これからの未来をイメージして、希望に心をおどらせている人も、
漠然とした不安を感じている人も、
そのどちらもが交互に顔を出している人も、
今の気持ちを３年前、高校入学時に想像できただろうか？
「未来は意外とわからない」けれど、５年後１０年後、
あなたも、そして山形県も変わっていくことは確かだ。

変わらないもの ── 友だちとの思い出という、
あなたたちだけの宝物は、
ずっと変わらず色あせることがない。
山形県に戻らない人もいるだろう。
だけど、友だちには、いつでも戻れる。

友と、つながろう。ずっと。

　このチラシのコンセプトは「寄り添いマップ3.0」の「①価値

の源泉」から生まれました。

「なぜ、今、山形県のLINE公式アカウントに登録しないと、高校卒業生は損（後悔）をするのですか？」

　という質問を、卒業していく高校３年生の今と未来に想いを寄せながら、考えていきました。

　損（後悔）すること？　そのひとつの答えは──

（山形県LINE公式アカウントに登録しないと）これからの未来でつまずくことや、山形に戻りたくなることがあったとき、相談できるような安心感のあるつながりがひとつ少なくなってしまうこと。

　そのことをもっとも伝えたい対象が「山形に戻らない」と、心に決めている人だと感じ、「山形には戻らない」というキャッチコピーを思いつきました。

※チラシの上部のみ

第 7 章

売れるランディングページが書ける

超速!
究極のLPテンプレート

最後の章では、いよいよ売れるランディングページテンプレート［ヒーローズステップ］を公開していきます。

［ヒーローズステップ］は、「5 ブロック」「11 の売れる要素」「22 のチェックポイント」の 3 つのステージに分かれています。それぞれの役割は、次の通りです。

【5 ブロック：もっとも大きな枠組み】
5 つのブロックで全体の大きな流れをつかむ

【11 の売れる要素：詳細な売れる構成要素】
5 ブロックから派生した 11 の売れる要素でランディングページの骨格をつくる

【22 のチェックポイント：客観的なチェック】
ランディングページを検証して仕上げる

「5つのブロック」でランディングページはシンプルになる

「こんな複雑なランディングページは、とてもじゃないけど自分には書けない……」

　講座でアンケートを取ると、実に7割の人がランディングページ完成前にあきらめざるをえない状況に置かれています。

　たしかに、縦長のページに情報がぎっしりつまったランディングページは、ハードルを高く感じさせます。

　逆に考えてみれば、ランディングページが書けるようになりさえすれば、それだけで上位3割に入れるので、これはチャンス！

　そんな偉そうなことを言いながら、私自身、誰よりも失敗を繰り返してきました。

　しかし、しぶとく何枚ものランディングページを書いてきた中で、結果が出たランディングページのパターンを分析し、その最大公約数を1つのフレームに落とし込んでみました。

　すると、たった5つのブロックに収まることがわかりました。

　では、その5つのブロックを具体的に解説していきます。

　この型さえあれば、複雑で膨大に見えていたランディングページがとてもシンプルな構造とルールでつくられていることがわかります。

売れるランディングページを
構成する5ブロック

- -

ブロック1 ［HEAD Line（ヘッドライン）］：見出し
一瞬で釘づけになり、今すぐ先を読まずにはいられなくなる
キーワード：注意

ブロック2 ［ROOT's of Empathy（ルーツ オブ エンパシー）］：深い共感
あなたの商品・サービスがどれほどの素晴らしさを与えるのかを知る
キーワード：変化

ブロック3 ［Technique & Solution（テクニック＆ソリューション）］：解決策
なぜ、今、あなたから買う必要があるかに納得する（選ばれる理由）
キーワード：納得

ブロック4 ［Evidence（エビデンス）］：証拠
本物であることを裏づける客観的で圧倒的な証拠で信頼する
キーワード：信頼

ブロック5 ［Point of sales（ポイント オブ セールス）］：行動喚起
買わない理由がなくなり、安心して購入する
キーワード：安心

5ブロックの流れを文章化してイメージ

　これら5つのブロックのポイントを抜き出して、主語（顧客）を加えてみると、もっと流れがはっきりとしていきます。

【ブロック1：見出し】
　顧客が、一瞬で釘づけになり、今すぐ先を読まずにはいられなくなる

【ブロック2：深い共感】
　顧客が、あなたの商品・サービスがどれほどの素晴らしさを与えるのかを知る

【ブロック3：解決策】
　顧客が、なぜ、今、あなたから買う必要があるかに納得する（選ばれる理由）

【ブロック4：証拠】
　顧客が、本物であることを裏づける客観的で圧倒的な証拠で信頼する

【ブロック5：行動喚起】
　顧客が、買わない理由がなくなり、安心して購入する

　いかがでしょうか？
　次に、5ブロックを一連の流れで文章化してみると、さらにイメージしやすくなります。

まず顧客は、［HEAD Line：見出し］に【注意】を向け、先を読まずにはいられない気持ちになります。

　そして、［ROOT's of Empathy：深い共感］を読み、あなたの商品・サービスによって「自分（読み手）」に起こる魅力的な【変化】に深く共感します。

　簡単には信じられないものの［Technique & Solution：解決策］の知識や解決策に【納得】し、［Evidence：証拠］で提示された証拠によって【信頼】するようになります。

　欲しい気持ちと不安が入り交じる中、［Point of sales：行動喚起］で背中を押され【安心】して購入します。

なんとなく、大きな流れがイメージできたでしょうか？

　この売れるランディンページを構成する５ブロックについて、［ヒーローズステップ］を活用しはじめ、登録率50％超えの過去最高メルマガ登録数（オプトイン数）を記録したライターさんから、こんな感想をいただきました。

「私もライティングに関する情報は有料、無料問わず、かなりの数リサーチをしているつもりですが、今回のテンプレートは日本で最も緻密かつ最高峰のテンプレートだと感じました」

　テンプレートという「型」にハマらず、オリジナリティあふれる文章を書きたいという方もいらっしゃいます。

　しかし、この［ヒーローズステップ］も、４章でご紹介した「穴埋め

文章作成テンプレート」も、穴埋めするだけという、シンプルなテンプレート（型）でありながら自由度も高く、使う人によってバリエーション豊かな文章を書くことができます。

　これは服の構造と似ています。あなたが着ているシャツには袖が２本あり、ボタンがあります。そういった基本構造が同じにもかかわらず、どのシャツにもそれぞれに違う味わいがあるように、テンプレートとオリジナリティは共存できるのです。

「個性は『型』の上に咲く、『型』がなければ"カタナシ"」と、私はよく言っていますが、あなたの個性は『型（テンプレート）』を使いこなしたその先で、あなたを待っています。

　ちなみに、書籍の「はじめに（タイトルを含む）」は、売れ行きを左右するランディングページの役割をはたしますので、本書の「はじめに」には［ヒーローズステップ］をそのまま当てはめています。
「テンプレっぽいなぁ」と、もし感じた人がいるならば、きっと勘の鋭い［ヒーローズステップ］ユーザーだけのはずです。

5ブロックの事例：本書「はじめに」

- -

　本書「はじめに」を、５ブロックに当てはめると、次のようになります。

ブロック1［**HEAD Line**］：見出し
● **超速！文章術（本書タイトル）**

ブロック2［ROOT's of Empathy］：深い共感

- **文章という、つぶしが効くスキル**

ブロック3［Technique & Solutio］：解決策

- **文章が、誰でも、確実に、上手くなることは可能か？**

ブロック4［Evidence］：証拠

- **SNSから売れる文章までを、「上手く書く」vs「速く書く」**

ブロック5［Point of sales］：行動喚起

- **たった2〜3週間で超即戦力！**

　売れるランディングページが、たった5つのブロックからできていることを知って、ほっと胸をなでおろした方もいると思います。

　5つのブロックで、売れるランディングページのシンプルな論理展開（大きな中心軸）がみえてくると、
「あれ、私、いったい何を書いていたんだっけ？」
「このまま書き続けて大丈夫だろうか？」
という、迷宮に迷い込むことがなくなります。

　さらに、これから11の売れる要素で詳細な構成を知ると、スマホの地図アプリを見ながら目的地に向かっているような安心感と安定感を得られます。

究極のランディングページを構成する「11の売れる要素」

5ブロックをさらに細かくみていくと、次のようにそれぞれのブロックの中に2〜3つの要素が入っており、全部で11の売れる要素があります。

ヒーローズステップの1枚フレームワークと11の売れる要素

まずは、ヒーローズステップの1枚フレームワークで全体像を見ていきます。

全体像をつかんでいない状態で文章量の多いランディングページを書き進め、あとで整合性を取ろうとすると膨大な時間が犠牲になります。それは、限られた時間の中で作業せざるをえない、私たちにとって致命的です。

しかし、1枚の紙（フレームワーク）の上でランディングページの全体像が見渡すことができれば、その苦痛や混沌から解放されます。穴埋めの順番は埋められるところ、どこからでもOK。自由です。
それでは、「11の売れる要素」を解説していきます。

HEAD Line(見出し)

① メインコピー(キャッチコピー)

② サブコピー(リード文)

CTA(+オファー)

ROOT'S of Empathy(深い共感)

③ 70%の満たされていない現実(問題提起)

④-1 100%の満たされた未来

④-2 120%の満たされた未来

CTA(+オファー)

Technique & Solution(解決策)

⑤ 一般的な解決策

1　⑥ 商品による解決策　　2　⑥ 商品による解決策　　3　⑥ 商品による解決策

CTA(+オファー)

Evidence(証拠)

⑦ 証拠(エビデンス)

⑧ 商品概要(スペック)

Point of Sales(行動喚起)

⑨ 行動喚起する提案(オファー)

CTA(必須)

Plus α

⑩ 顧客が感動するストーリー

⑪ 付加要素

CTA(+オファー)

［HEADLine：ヘッドライン］：見出し
［売れる要素①］：メインコピー（キャッチコピー）

顧客が一瞬で釘づけになるインパクトがあり、わかりやすく、魅力的なコピーがあるとしたら？

> さらに詳しく 簡単に取り入れられ、訴求力も高い、代表的な３つのキャッチコピーパターンをお伝えします。そのままカチッと当てはまる場合もありますし、当てはめてみることで発想が広がり、別のアイデアが浮かんでくることもあります。
>
> **1 なぜ〜なのか？**
> - なぜ、たった３週間で字幕なしで洋画を観られるようになったのか？
> - どうして、私が学生起業で成功できたのか？
> - 遊びながら勉強して東大現役合格した秘密……、知りたい方はいませんか？
>
> **2 方法**
> - 365日間、子どもが楽しく勉強しはじめる魔法の方法
> - 隠れた無駄な経費をそのまま売上に変えるノウハウ12選
> - 家庭教師で9割を東大生にした受験メソッド
>
> **3 もし〜なら**
> - もし、将来あなたが海外で活躍したいなら、この旅行プランが味方します
> - もし、3ヶ月後に売上げが2倍になるとしたら……
> - もしも、勉強時間を減らして成績アップできなかったら、全額返金します

[売れる要素②]：サブコピー（リード文）

メインコピーで伝えきれなかった内容を補足し、今すぐに、先を読まずにいられなくなるコピーがあるとしたら？

> さらに詳しく サブコピーの目的は、先を読む気にさせること。ここで売り込むことが目的ではありません。また、サブコピーには人間の3大欲求
>
> 1 短時間（時間短縮）　2 簡単　3 確実
>
> あるいは、下記のような内容を入れると訴求力が高まります。
>
> → 限定、緊急、割引、無料、特典、増量、特別セットなど
>
> 通常、メインコピーよりは目立たず、この先の本文よりは大きめの文字サイズで記載します。

［ROOT's of Empathy：ルーツ オブ エンパシー］：深い共感
［売れる要素③］：70％の満たされない現実

顧客の満たされていない現状（痛み・悩み）を描写すると……？

> さらに詳しく 顧客の満たされていない70％の現実（悩み、痛み、不安、不便、不満、心配、怒り、悲しみ、恐れ、孤独、恥ずかしさ、不足など）を、ストーリーや五感を使って、カラフルに描写していきます。
>
> 目的は、不安や恐怖、心配をあおることではなく、顧客の抱えている痛み・問題（顕在／潜在）に寄り添い、深く理解・共感を示すこと。そして、顧客に現状の問題点を認識してもらうことです。顧客の現状を具体的に、分かりやすく表現することで、顧客への問題提起（優先的に解決すべき課題）にもなります。
>
> 「それ、私です！」と、思わず膝を叩くビビッドな表現は、あなたが出逢いたい顧客を引き寄せてくれます。

［売れる要素④］：100%〜120%の満たされた未来
（フューチャーペーシング）

　70%の満たされない現実（悩み）が解決した、100〜120%満たされた未来の顧客イメージを描写すると……？

　[さらに詳しく] 顧客に寄り添って、少し先にある未来をいっしょに見に行くイメージです。あなたの商品・サービスをきっかけに、100%満足した近未来、さらにその先にある120%の素敵な未来が待っているとしたら……。

ポジティブ側面から、理想の未来（得すること、満足、体験、利益、満足、安心、欲求、喜び、興奮、ロマン、愛情など）をストーリーや五感を使って、カラフルに描写していきます。顧客が手に入れたいのは、あなたの商品・サービスそのものではなく、商品によって手に入る体験や未来のイメージ（ベネフィット）です。
あなたが紡いだ文字を通じて提案する、未来の物語の中に少しでも長くいてもらうほど読み手との共感は深まり、その結果、商品・サービスの購入につながっていきます。未来のイメージが共有できれば、セールスは完了したと言っても言い過ぎではありません。

共感ストーリー
70%、100%、120%の数字は、第6章の「寄り添いマップ3.0」と連動しています。
「共感ストーリー」を描くために、顧客が変化していく姿を、70%→100%→120%という流れで考えていくと、イメージしやすくなります。

また、なぜ、70%なのか？　といえば、顧客と長期的な関係を構築するためです。

あなたにとって、０％の顧客とは、期待値が異常に高い、かつ、行動もしない──重たいお客さんです。このような顧客が増えると、顧客に振り回され、徐々にビジネス自体が回らなくなっていきます。70%は、あくまで感覚的な数値ですが、「あなたにピッタリの70%顧客をあなたが選ぶ」ことで、顧客との良好な関係が築かれ、あなたのビジネスは長期的に発展していきます。

［Technique & Solution：テクニック＆ソリューション］：解決策

［売れる要素⑤］：一般的な解決策

顧客の問題を解決するテクニック／ノウハウ／役立つ情報とは？

さらに詳しく この情報を知っただけでも、あなたの文章（ランディングページ）を読んでよかったと思える、顧客が知らない／役に立つ／ライバルがウリにしている情報を提供していきます。再現性のあるテクニックやノウハウを書くことによって、読むことで"役に立つランディングページ"になります。

そして、あなたの情報にコミットする時間が長くなるほど、あなたと顧客の距離が縮まり、自然とセールスの成功につながっていきます。
あなたの当たり前が顧客にとって価値ある情報だとしたら、あなたは顧客に何を教えてあげたいですか？

［売れる要素⑥］：商品・サービスによる解決策

なぜ、一般的な解決策を知ってもなお、顧客はあなたの商品・サービスを手にする価値があるのか？

さらに詳しく 一般的な解決策（テクニック／ノウハウ／役立つ情報）を手にして満足している顧客が、なぜそれでもあなたの商品・サービスが必要なのか？　その理由となる商品・サービスによる解決策（ソリュー

ション）を紹介していきます。

あなたの商品・サービスには、さまざまなソリューションがあると思い
ますが、3つくらいに絞りこんで伝えることが、かえって理解を深めて
もらえるコツとなります。「何でもできることは、何にもできない」と、
ならないようにしましょう。

また、主役は商品・サービス（の機能）ではなく、顧客の問題解決。つ
まり、その機能が顧客のどんな問題を解決するのかが重要です。

次の文章に当てはめると、⑤と⑥の関係がわかりやすくなります。

［⑤一般的な解決策］として○○があります。そして○○もあります。しかし、
それでは解決できない根本的な問題があります。

それゆえに必要となるのが［⑥商品・サービスによる解決策］です。

ブロック4 ［Evidence：エビデンス］：証拠

［売れる要素⑦］：証拠（エビデンス）

　それを見せたとたん、顧客の疑いや猜疑心が払拭される客観的で圧倒
的な証拠は？

> さらに詳しく　あなた（の商品・サービス）に対する、顧客の疑いや猜
> 疑心を払拭できる、客観的で圧倒的な証拠・事実・具体的な実例などを
> 提示します。
>
> ポイントは、「主観的な証拠」ではなく、「客観的な証拠」ということです。
>
> あなたの商品・サービスが顧客にどんな素晴らしい変化を起こせるとし
> ても、人は変化には慎重になるものです。なぜなら、どんな変化にもメ
> リット・デメリットがあるからです。
>
> あなたの商品・サービスが好ましいかを、まずは感情で判断し、次にそ
> の選択が本当に正しいのかを理性で検討します。この理性を満たしてく

れるエビデンスが不足していると、自分にとっては役に立たない、不要であることを、顧客は逆に証明しようとしはじめます。

そこで、商品・サービスの購入による「自分の変化」に対して、できるだけ安心してもらえるよう、事前に、十二分に、購入判断に役立つ情報──つまり、圧倒的な証拠が必要になります。顧客の疑いや猜疑心が払拭される情報として、次のようなものを探してみましょう。

- レビュー（お客様の声）　● ビフォー・アフターの写真
- 社長、社員の顔写真　● 社歴　● 大企業との取引先リスト
- 著名人との写真・推薦　● マスコミ掲載記事
- テレビ広告、新聞広告　● 研究論文　● 表彰歴・受賞歴
- 資格、肩書、学歴　● 社会貢献への取り組み　● 国からの許認可など

［売れる要素⑧］：商品概要（スペック）

客観的な商品の機能や性能、商品構成、商品仕様は？

さらに詳しく　ランディングページに没頭しすぎると、意外に忘れがちになるのが商品仕様の掲載です。ランディングページでどれだけ魅力的に商品・サービスについて伝えることができても、商品・サービスの機能や性能、商品構成などの商品仕様がわからなければ、不安が残り、最終的な購入には至りません。

- 講座募集のランディングページなのに「開催日」が書かれていない
- コンパクトさが売りの商品なのに「サイズ」の記載がない
- 原料のよさがウリの商品なのに「原産地」がわからない

といった、他人事だと笑えるような抜け漏れが意外にも多いですので、一度冷静に見直してみましょう。

商品仕様や商品構成の提示は主観的な表現ではなく、あくまで客観的に淡々と伝えます。また、それらは価値判断にも影響しますので、価格を提示する前に伝えます。

ブロック5 ［**Point of sales**：ポイント オブ セールス］：行動喚起

［**売れる要素⑨**］：**行動喚起する提案（オファー）**

「なんとか売ってくれ！」と顧客が頭を下げて懇願してくる断りきれないオファー（提案）は？

> さらに詳しく あなたの商品・サービスが圧倒的に素晴らしいものであれば、商品・サービス自体が強いオファーとなりますが、それ以外にオファーを強めるアイデアをご紹介しておきます。
>
> 無料、割引、成果保証、返金保証、分割払い、商品を組み合わせる（パッケージ化）、特典、ランク付（価格の松竹梅など）、キャンペーン、フェア、期間限定、数量限定、季節限定、条件限定（お得意様限定など）……と、いろいろありますが、大切なのは、顧客の欲求を満たす／痛みを解消する──「買いたい」に直結する［顧客に寄り添ったオファー（提案）］であることです。
>
> 簡易性／限定・緊急／特典／保証（リスク回避）の4つを意識すると魅力的なオファーをつくりやすくなります。

［**売れる要素⑩**］：**顧客が感動するストーリー**

なぜあなたはその商品・サービスを提供していますか？　それは顧客も共感できる魅力的なビジョンですか？

> さらに詳しく 顧客が商品・サービスを手にすることは、あなたのビジョンを実現するための通過地点──つまり、顧客がベネフィットを受け取

ることは、あなたのビジョンにつながる大切な第一歩となります。

あなたの商品・サービスに対する想いや、扱いはじめるようになった理由（物語）、どうして商品を提供しているかなど、あなたの熱い想いとともに伝えましょう（自己開示）。

キレイごとだと思われてしまうと逆効果となりますが、この商品・サービスは"私たち"のもの、と顧客に感じてもらえれば、あなたの商品・サービスは双方にとって、なくてはならない掛け替えのないものとなります。

［売れる要素⑪］：付加要素

ここまで10の売れる要素で伝えきれなかった、しかし、重要なことがあるとすれば、それは何ですか？

さらに詳しく ランディングページの全体像を俯かんしながらを、本文内にがっつりと掲載するまでもないが、あったほうがいい、あるいは、ないと困る要素などを掲載します。たとえば、

- プロフィール
- FAQ
- 喜びの声（感想）
- 体験談
- 追伸（PS.）など

必要なものが出てきたときに、随時追加していけるので、便利な要素です。

※［売れる要素⑩］：顧客が感動するストーリー／［売れる要素⑪］：付加要素、これらの2つの要素がなくても、セールスプロセスは完結できます

11の売れる要素の事例と流れを整える魔法のつなぎ言葉

　次の1枚フレームワークに書き込まれた事例のように、この段階ではあまり書き込みすぎないことがコツです。

　1〜2行の言葉で書き込んだ要素だけで、なんとなく6割くらい理解できれば、売れるランディングページの太い軸が出来上がっています。

　また、第4章の「穴埋め文章作成テンプレート2.0」と同じように、「ラインをつなぐ」ための、つなぎ言葉を入れています。それぞれの要素が流れるようにつながりはじめ、あなたのランディングページは、命が吹き込まれたように躍動しはじめます。

　※①〜⑨の番号は「本書タイトル（表紙）」と「はじめに」に、⑩⑪の番号は「おわりに」「巻末付録」に連動しており、「巻末付録」で答え合わせをしています。

　次ページにあるように11の要素を埋めることで、ランディングページの骨格ができました。あとは好きなところ、書きやすいところから、ひとつひとつの要素を肉づけし、文章化したものが、本書「はじめに」になります。見比べてみると理解が深まります（P256参照）。

　先が見えない状態で1行目から書き連ねるのではなく、全体の骨子を先につくることで、圧倒的に速く、論点をぶらさず、ランディングページを創れるようになります。

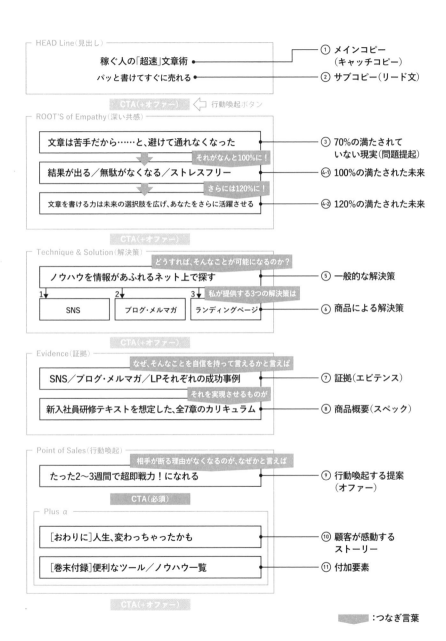

HEAD Line（見出し）

稼ぐ人の「超速」文章術 ← ① メインコピー（キャッチコピー）

パッと書けてすぐに売れる ← ② サブコピー（リード文）

CTA（＋オファー） ← 行動喚起ボタン

ROOT'S of Empathy（深い共感）

文章は苦手だから……と、避けて通れなくなった ← ③ 70％の満たされていない現実（問題提起）

それがなんと100％に！

結果が出る／無駄がなくなる／ストレスフリー ← ④-1 100％の満たされた未来

さらには120％に！

文章を書ける力は未来の選択肢を広げ、あなたをさらに活躍させる ← ④-2 120％の満たされた未来

CTA（＋オファー）

Technique & Solution（解決策）

どうすれば、そんなことが可能になるのか？

ノウハウを情報があふれるネット上で探す ← ⑤ 一般的な解決策

私が提供する3つの解決策は

1 SNS　2 ブログ・メルマガ　3 ランディングページ ← ⑥ 商品による解決策

CTA（＋オファー）

Evidence（証拠）

なぜ、そんなことを自信を持って言えるかと言えば

SNS／ブログ・メルマガ／LPそれぞれの成功事例 ← ⑦ 証拠（エビデンス）

それを実現させるものが

新入社員研修テキストを想定した、全7章のカリキュラム ← ⑧ 商品概要（スペック）

Point of Sales（行動喚起）

相手が断る理由がなくなるのが、なぜかと言えば

たった2〜3週間で超即戦力！になれる ← ⑨ 行動喚起する提案（オファー）

CTA（必須）

Plus α

［おわりに］人生、変わっちゃったかも ← ⑩ 顧客が感動するストーリー

［巻末付録］便利なツール／ノウハウ一覧 ← ⑪ 付加要素

CTA（＋オファー）

:つなぎ言葉

行動を促し、成約率を左右する【CTA】

　1枚フレームワーク内にある【CTA】は「Call To Action」の略で「行動喚起」という意味になります。ランディングページの訪問者を取ってもらいたい行動に誘導することを意味し、多くの場合はボタンやリンクの形で表示します。

　たとえば、
商品の購入：【 今すぐ購入する 】ボタン
資料請求：【 無料で資料請求する 】ボタン

　といったように、ランディングページの目的によって、お申込みボタン内の文言も変わってきますが、この小さなコピー（文章）だけでも成約率が大きく変わることがあります。

　【購入】や【資料請求】といった単語だけのコピーではなく、【今すぐ購入する】や【無料で資料請求する】といった、行動を促すコピーのほうが実際に行動してもらえます。
　お申込みボタン内のコピーに加えて、ボタン周辺のコピーも極めて重要です。
　なぜなら、お申込みをしようとする人が必ず目を留めるのが、お申込みボタンとその周辺であり、最後に背中を押してあげられるとても重要な場所だからです。例を3つ挙げておきます。

このオンライン講座では、実際に検証して結果の出た
最新のデジタルマーケティングを公開しています！

無料登録して、今すぐ動画第1話を観る

無料モニターに参加する！

3分でモニター登録完了

限定生産のため、売り切れ次第、販売終了となります。
次回生産は未定ですので、この機会を逃さず、ぜひ購入ください。

残り個数を確認して、今すぐ申込む

30日間返金保証付き

　最後のクリックの前に顧客は悩みます。お申込みボタン付近で、背中を押してあげることで、最後の一歩を踏み出すことができます。

　ベネフィットや限定感、緊急性、行動するメリット／行動しないデメリットなど、顧客が最後の行動を起こすために必要な情報をシンプルに集約して伝えましょう。

　また、テンプレート内（P221参照）には複数の【CTAボタン】（色がうすい：任意）の表記がありますが、行動喚起する提案（オファー）の下にある【CTAボタン】（色が濃い：必須）以外は必須ではありません。全体のバランスや読み手になりきって読んでみたときに、ひつこくない（不快に感じない）ように、必要な部分だけに設置してください。

22のポイントで
チェックをして仕上げる

　いよいよ最終段階です。

　ここまで、頭に汗をかきながら創り上げてきたランディングページを、22のチェックポイントで総チェックしながら、最後の仕上げをしていきます。

　パッと見直してみて、現時点でも達成感と安心感を感じる方も多いです。そのままでも十分機能するランディングページになっていますが、最後のひと手間をかけることで、さらに美しくできます。
　チェックしていくと大きく変更したくなることもありますので、11の売れる要素で最初に埋めた内容を絶対的なものと考えないでください。常に過去の自分の思考や作業に柔軟でいることが大切です。

　チェック項目を全部出していけば、100も200もありますが、１割のチェックで９割の結果が出る内容に絞った各ブロックのチェックポイントを確認しながら、あなたのランディングページの完成度を高めていきましょう。
　チェックをするいちばんの目的は、自分視点を［読み手視点］に反転させること。
　大切なのでもう一度。

自分視点を［読み手視点］に反転させること。

人は見たいものだけを見て、聞きたいものだけを聞く傾向——「確証バイアス」がありますので、ランディングページを書き進めていくうちに、どうしても自分視点で言いたいこと書いてしまいます。

しかしながら、読まれるために重要なことは、読み手を主役（主語）にして文章を構築することです。

22個のチェックポイントについてそれぞれ解説していきますが、言葉や説明を厳密に解釈しようとしたり、当てはめようとするよりも、言葉をきっかけに広がる発想を大切にしてください。

注意 一瞬で釘付けになり、
今すぐ先を読まずにいられなくなる

次の3つ以上にチェックが入るようにする
□得／誰（ベネフィット／ターゲット）□
単純明快 □簡易性 □新情報・好奇心 □意
外性 □信頼性 □話題性（社会性・面白さ）
□ストーリー性 □感情に訴える □威嚇
的ではない

 変化 あなたの商品がどれほどの
素晴らしい結果を与えるかを知る

□主語「あなた（顧客）」になっているか？
□ターゲットの顧客が「まさに、私のこと
だ！」「絶対そうなりたい！」と、自分ごと
として共感するか？□顧客の痛みに寄り添っ
た感情移入するストーリー性があるか？

 納得 なぜ、今、あなたから買う必要が
あるかに納得する（選ばれる理由）

□一般的な解決策は顧客の興味や関心を十
分に引くか？□商品による解決策は顧客
のベネフィットにつながっているか？□
一般的な解決策を知ってもない、また、似た
ような商品がある中で、あえてあなたの商
品を手にする価値はあるか？

 信頼 本物であることを裏付ける
客観的で圧倒的な証拠で信頼する

□顧客の疑いや懐疑心を払拭できるか？
□競合他社と比べて、圧倒的に魅力的か？
□手に入れる／利用・導入する方法は、具体
的で簡単か（面倒に感じないか）？

安心 買わない理由がなくなり、
安心して購入する

□オファーはシンプルでわかりやすく、顧
客にとって魅力的か？□最後の最後に、顧
客の背中を押すことができているか？□
顧客の心理的負担（安心できない要素）・購
入しない理由を取り除けているか？

HEAD Line（見出し）
① メインコピー（キャッチコピー）
② サブコピー（リード文）

CTA（＋オファー）

ROOT'S of Empathy（深い共感）
③ 70%の満たされていない現実（問題提起）
↓
④-1 100%の満たされた未来
↓
④-2 120%の満たされた未来

CTA（＋オファー）

Technique & Solution（解決策）
⑤ 一般的な解決策
1 → 2 → 3
⑥ 商品による解決策　⑥ 商品による解決策　⑥ 商品による解決策

CTA（＋オファー）

Evidence（証拠）
⑦ 証拠（エビデンス）
⑧ 商品概要（スペック）

Point of Sales（行動喚起）
⑨ 行動喚起する提案（オファー）

CTA（必須）

Plus α
⑩ 顧客が感動するストーリー
⑪ 付加要素

CTA（＋オファー）

［HEAD Line：見出し］10のチェックポイント

ヘッドラインには、10のチェックポイントがあります。
3つ以上にチェックが入るようにしていきましょう。

□ 得（ベネフィット）

顧客はあなたの商品・サービスを買うわけではありません。
あなたの商品・サービスを手にすることによって得られる、「体験・変化・利益（ベネフィット）」にお金を出しています。
あなたの商品の機能や優秀さではなく、それによって「私（顧客）」にどんな素晴らしいことがあるのか？ 顧客が知りたいのは、まさにそれです。
あなたの商品を手にして、顧客はどんな得をしますか？

□ 単純明快（直感的にわかる）

あなたの提案がどんなに素晴らしいものでも、理解するのに「なんだか難しい」「ちょっと複雑」と感じられるヘッドラインは、読み手に負担をかけます。すると、とたんに精読率が下がり、読み手とのつながりは断絶されます。
読み手の時間を奪うことなく、単純明快、シンプルに、直感的にわかるようにする最も簡単な方法は、数字を入れることです。数字を入れるだけで具体性も増し、訴求力が高まります。
あなたの伝えていることは、単純明快／シンプル／直感的に「わかりやすい」ですか？

□ 簡易性

できれば何の努力もせず、今より良くなりたいと思うのは人の性です

が、「1クリックで稼げます」的な簡易表現を推奨しているわけでは、まったく決してありません。**読み手に想いを寄せ、受け取りやすい情報に噛み砕いて提案することが重要です。**

「手っ取り早く簡単」あるいは、「自分にもできそう」だと感じてもらえそうですか？

□ 新情報・好奇心

読み手は常に、好奇心を刺激する新しい情報を求めています。

あなたの商品・サービスに「新しい○○」「発表！○○」「○○の新常識」に当てはまる新情報はありますか？

※そのままの言葉を使うということではなく、"○○"部分を穴埋めで発想を拡げる

□ 意外性

当たり前のことを伝えても、その他の情報と差別化ができません。

たとえば、「驚き」という感情には、警戒感と集中力を高める効果がありますので、ヘッドコピーを見た一瞬で、読み手は釘づけになります。

ただし、意外性で引きつけたときには、それが納得できる論理展開があってはじめて成立しますので、注意が必要です。

あっと驚くような意外性はありますか？

□ 信頼性

あなたの提案に信じられないほどのインパクトがあるほど、信頼性が重要になります。いくら自分でその信頼性を叫んだとしても限界があります。

実績や数値、権威からの推薦やお客さまの声などで、客観的な信頼を得ていますか？

□ 話題性（社会性・面白さ）

世の中で話題になっていることや社会的なニュースに関連させることで、注目を浴びやすくなります。

話題になりそうな切り口はありますか？

□ ストーリー性

小説のように引き込まれるストーリーは、人を夢中にさせます。

思わず物語（ストーリー）の中に参加したくなる扉がヘッドコピーにあれば、読み手はあなたのランディングページの中に引き込まれていきます。

ストーリーに巻き込む、簡単かつ効果的な方法をひとつご紹介します。それは、「？」をつけること。簡単すぎて拍子抜けしましたか？　文章の最後に「？」をつけるだけですから本当に簡単です。しかし、その効果は驚くほど。

物語（ストーリー）への扉はありますか？

□ 感情に訴える

「感情に訴える」ことを何も難しく考える必要はありません。

「おおーっ！」「えっ、どういうこと？」と読み手が反応しているとき、それは確実に感情を動かしています。

読み手の感情の声が聞こえてきそうですか？

□ 威嚇的ではない

人が行動する原理は２つしかありません。１つは、快楽を得る。

もうひとつが、痛みを避ける。痛みを避ける方が人をより行動に促しますので、人を脅すような威嚇はインパクトを与えやすいです。しかし、長期的な視点でビジネスを考えるとき、その使い方には注意が必要です。

読み手がまだ気づいていない問題を理解してもらう提案は大切ですが、それが威嚇的になっていないかどうかのチェックが、ますます重要な時代に入っていると感じています。

　読み手が恐怖に感じるほどの、必要以上の恐怖（威嚇）を与えていませんか？

［ROOT's of Empathy：深い共感］3つのチェックポイント

□ 主語が「あなた（読み手）」になっているか？

　読み手は、あなたの商品・サービスにではなく、自分自身に興味があります。あなた（の商品・サービス）ばかりが主語になっていないかを確認しましょう。

□ ターゲット顧客が「まさに、私のことだ！」「絶対にそうなりたい！」と、自分ごととして共感するか？

　日常を想起させる表現があると、自分ごとに感じてもらいやすくなります。読み手になりきって、読み直してみましょう。

□ 顧客の痛みに寄り添った感情移入するストーリー性があるか？

「出来なかったことが、出来るようになる」といった、読み手が変化してくストーリーがイメージできると、興味・関心を継続させることができます。

　たとえば、ビフォーアフターの変化を数字で伝えることができれば、真実味を持ったわかりやすいストーリーになります。

［Technique & Solution：解決策］3つのチェックポイント

□ 一般的な解決策は顧客の興味や関心を十分に引くか？

ランディングページに読んでよかったと思える、顧客が知らない／役に立つ／ライバルがウリにしている情報があることで"役に立つランディングページ"になります。

□ 商品による解決策は顧客のベネフィットにつながっているか？

あなたの商品・サービスの機能（メリット）で顧客のどんな問題が解決するかが重要です。あなたが伝えたい機能ではなく、顧客にとって価値のある商品による解決策を提示しましょう。

□ 一般的な解決策を知ってもなお、また、似たような商品がある中で、あえてあなたの商品を手にする価値はあるか？

あなたの商品・サービスが生み出す価値として、たとえば、以下のようなものがあります。

- 時間短縮（手っ取り早く、簡単）
- 簡単に出来るようになる
- かっこよく解決できる
- コストを下げられる
- 成功確率が高くなる
- プロにサポートしてもらえる
- まるごとパッケージ（やってもらえる）
- これだけでOK
- 最新情報が随時更新される
  など

［Evidence：証拠］3つのチェックポイント

□ 顧客の疑いや猜疑心を払拭できるか？

　圧倒的な証拠や具体的な実例が商品（あなた）の裏づけとなります。客観的データ（事実＋数字）が、社会的な証明として機能すれば、納得・信頼してもらえます。顧客が感じる疑問や反論に対して、圧倒的な証拠や具体的な実例などを提示しましょう（主観的な証拠ではなく、客観的な証拠）。

□ 競合他社と比べて、圧倒的に魅力的か？

　あなたの商品が唯一無二の存在でなければ、顧客は似たような競合他社の商品・サービスも検討し、比較していると考えたほうが健全です。他社商品と比べて、あなたの商品・サービスはどういった点で優れているのか？ と考えながら、その強みが伝わる切り口で、一覧できる比較表を考えてみましょう。比較対象があることで、魅力を引き立たせることができます。

□ 手に入れる／利用・導入する方法は、具体的で簡単か（面倒に感じないか？）

　いかに簡単かを伝えることが成約率を高めます。

　システム導入や化粧品の利用方法など、商品・サービスの導入（利用）プロセスを明確に提示します。顧客はちょっとしたハードルで購入を先延ばし───行動のハードルが少しでも高くなると人は、反比例するように行動しなくなります。

1　○○をする

2　○○をする

3　○○をする

のように、わかりやすくシンプルに提示することで、行動するハードルを下げることができます。顧客は、いったい何に面倒に感じるのか？重箱の隅をつつくように、あなたの商品・サービスをチェックしてみてみましょう。

［Point of sales：行動喚起］3つのチェックポイント

□ オファーはシンプルでわかりやすく、顧客にとって魅力的か？

すぐに手に入ることは、それ自体が価値となり、行動のハードルを下げることができます。人はすぐに手に入るもの、あるいは、すぐに効果を実感できるものにほど、大きな価値を感じます。そして、手に入るまでの時間が長くなると価値が少しずつ減少していく——心理学や経済学で「時間割引」と呼ばれる性質を持っています。

効果が現れるまでの具体的な時間や、手に入れるまでのシンプルな手順などを明記することで、購入のハードルを下げることができます。

□ 最後の最後に、顧客の背中を押すことができているか？

即効性のあるテクニックとして、限定感／緊急性があります。

多くの人は「また今度……」という先延ばしをして、機会損失をしてしまいます。限定感（数に限りがある）、緊急性（期限がある）があることよって「今、買わなければ損だ！」と感じ、あなたの商品・サービスを手にするためのチャンスを、顧客が受け取りやすくなります。

限定感・緊急性には、具体的な理由も必ず添えてください。
「原材料不足で仕入れに限りがあるため……」
「記念フェア（キャンペーン）のため、○／○まで……」

また、強力であるがゆえに、顧客をだますような使い方は絶対にやめてください。

□ 顧客の心理的負担（安心できない要素）・購入しない理由を取り除けているか？

　顧客が感じるリスクを肩代わりすることで、ストレスを軽減させることができます。

　人は購入するときに心理的リスクを感じるものです。そのリスクを回避（顧客が感じるリスクを肩代わり）してあげるほど、購入率が上がります。たとえば、「無料お試しを請求したいけど売り込まれるんじゃないかしら……」と売り込みの精神的リスクを顧客が感じるとしたら、『コスト削減のためその後のお電話やDMなどは一切いたしません。気にいっていただけましたらご自身でお申込みください』とすれば、売り込まれるリスクを回避でき、顧客のストレスを軽減できます。

　例としては、

メルマガ：「いつもで簡単に解除いただけます」

商品：「満足いかない場合は返品可能／全額返金保証」など

ランディングページ作成の本質

　ランディングページ作成の本質を表している事例をご紹介します。

　全国84校舎、受講生数12,000名（2020年2月26日現在）を誇る日本最大級のボーカルスクール、シアー株式会社（代表取締役社長、高梨雄一朗氏）での研修事例です。

　究極のランディングページテンプレート［ヒーローズステップ］を使い、全社員が一丸となって、たった1日で、9つのサービスのランディングページを作成するという社員研修でした。

　研修後、運営担当されたシアー株式会社の近藤雅裕氏から、次のようなご感想をいただきました。

「ほぼ全員がランディングページとは何かというところから、作り込むところまで初めての体験でしたが、最終プレゼンでは深掘りし個性のあるランディングページとなりました。

　全チームとも深い内容の仕上がりとなり、自分や自社に向き合うことができたと思います。

　また数ヶ月で中途入社した社員も含め事業を深掘り、その価値を知る時間にもなりました。

- サービスを言葉を落としカタチにする
- シアーらしさを取り入れた差別化
- 顧客の心を鷲づかみにする表現を整えていく

ということを学び、ランディングページだけでなく全社員が自ら関わっている事業の価値を改めて考え、知る機会になりました。

　年単位でかかることが1日でカタチになったという印象を持っております。」

感想文は、『人間学×マーケティング 未来につづく会社になるための論語と算盤 』（神田昌典・池田篤史 著、致知出版社 ）より引用

ランディングページ作成は、あなたや社員、会社全体を元気にしてくれる

　ランディングページをつくることは、あなたの商品・サービスの「強みの創出」に直結しています。そのプロセスは、あなたの商品・サービスが顧客にとって、どんなベネフィット（得）があるかを考えるだけに留まりません。

　あなたの商品・サービスが「顧客」にとって、どんなに魅力的な存在であるかを考えることは、結果として、「商品・サービスの強み」や「会社（あなた）の強み」を浮かび上がらせることになります。

「顧客」「商品・サービスの強み」「会社（あなた）の強み」──これらそれぞれをほんの少し深く理解することが、あなたのビジネスの純度を高め、圧倒的な差別化につながっていきます。

　また、チームでアイデアを寄せ合いながら、ランディングページをつくるプロセスは、社内のリソースを集結させながら、社員同士の団結を生み出します。さらには、それがそのまま、営業方針やモチベーションにもつながっていきますので、ランディングページをつくる作業は、一石三鳥の効果を生み出し、あなたや社員、つまり、会社全体を元気にしてくれます。

WORK

ランディングページ作成バトル

目安の時間
60〜90分

1 商品・サービスをひとつ決める

ランディングページを書く商品・サービスをひとつ決めます。

2 寄り添いマップ3.0を描く

個人 or グループごとに［ヒーローズステップ］の1枚フレームワークを埋めます。

3 発表＆フィードバック

作成したランディングページを個人orグループで発表し、発表が終わったらお互いにポジティブなフィードバックを行います。
（1枚フレームワークの軸に肉付けしながら、1人 or 1グループ3分程度で発表する）

COLUMN

[
「ヒーローズステップ」に
込められた意味とは？
]

　私が推奨するビジネススタンスを共有することにもなりますので、「ヒーローズステップ」のネーミングに込めた意味をお伝えさせてください。

　「ランディングページは、売り込むためのツール」と認識している人が多いのですが、それは違います。ランディングページは、恐怖をあおり立て、グイグイ売り込むためのツールではありません。

　ランディングページは、顧客とあなたの出会いの場です。あなた（の商品・サービス）と出会うことで、顧客は自分自身がヒーローになるためのステップを登りはじめます。そして、顧客に喜んでもらうことや、あなたの商品・サービスを通じて、あなたの中のメンターシップが育ちはじめます。

　顧客とあなたは、ヒーローとメンター（良き指導者・師）の関係だと考えています。顧客がヒーローとなり、あなたがメンターになるための方法論̶̶̶ それが、"ヒーローズ"ステップです。

　ヒーロー（顧客）は、日常の世界であなたと出会い、新しく素晴らしい世界へと旅立ちます。ただし、まだ見ぬ理想的な姿の近づく冒険に乗り出すには、さまざまな障害があるものです。その手助けをするのが、メンター（あなた）の役割です。

　顧客とあなた、その双方が成長し合いながら出会う場の提供、それがランディングページの本質的な役割なのです。そういった

意味を込めて構築した［ヒーローズステップ］は、5ブロックの頭文字を組み合せると［HERO's STEP（ヒーローズステップ）］になっています。

ブロック1：HEAD Line
ブロック2：ROOT's of Empathy
ブロック3：Technique & Solution
ブロック4：Evidence
ブロック5：Point of sales
※ブロック3の「T」と「S」が、入れ替わり［HERO' s STEP］

「そんなのは、単なる幻想！　キレイごとだっ！」と感じますか？

　あなたが今、どう感じていても問題ありません。
　［ヒーローズステップ］を活用すること自体が、あなたのビジネスを飛躍させ、あなたと顧客が共感し合いながら紡いでいく、物語のはじまりなのですから。

おわりに

人生、変わっちゃったかも

「ふてくされた、あの小学生5年生男子の人生、変わったんじゃないかな?」

そんな感動が、ある日の沖縄で起こりました。

子供たちに作文の宿題を楽しんでもらいながら、親子の絆をグッと深めるプロジェクト「エンパシーライティング For Kids」に参加された、小学生の親子や学校の先生、沖縄県職員。

3時間の講習後、みなさん興奮冷めやらぬ感じで、会場をあとにしました。それは、なぜか?

お母さんに引きずられながら、それはそれはイヤそうに(笑)、会場に入ってきた小学5年生男子。それが……

「みんなの前で発表してくれる人!」

最後のこの呼びかけに、誰よりも先に手を上げ、エンパシーチャートを片手に、本当に素晴らしいプレゼンをしてくれたのが、その彼だったからです。

できない(と思っていた)ことが出来るようになった、あの少年が帰りがけに見せた満面の笑顔に、みんなが癒やされ、感動し、涙しました。

もうひとり、小学5年生の女の子。

先に発表した男の子に触発されたのか、自ら手を上げて発表してくれました。

　緊張はあったものの、50人の前でしっかり落ち着いてプレゼン。
　これまで一度も、参観日に自ら手を上げる姿を見たことがなかった娘の変化に、思わず涙したお母さん。その姿を動画で観たお父さんも感動の涙。

　しかし、その子の変化は、それだけではありませんでした。
　夏休み明けの9月1日。

「お母さん、私、学級委員長に立候補して、委員長になったよ！」

「これまでの娘とは別人かと思うほどの嬉しい変化を実感しています。子どもの可能性は無限大ですね！」とお母さんのほうが、うれしそうでした。

　自分の想いを文章としてカタチにできた成功体験や自信は、子供に限らず、大人の才能や可能性も大きく拓いてくれます。

　この本が、あなたの未来をやさしく照らし、人生がさらによくなる小さな道標になることを願いながら、ペンを置きます。
　最後までお読みくださったあなたに、心より感謝を込めて、ありがとうございました。

中野巧

巻末付録

「SNS」「メルマガ」「ブログ」「ランディングページ」……

Web でモノを売る時代に必須の
セールスライティングのノウハウを全公開したを本書を使いこなす
パッと書けてすぐに売れる【特別付録】です。

巻末付録に掲載しきれなかった、
チャート、マップ、1枚フレームワークのダウンロードデータなど、
すべての付録は、読者専用サイトからお受け取りください（無料）。

※巻末付録は、告知なく終了することがあります。改めてご了承ください。

http://emwm.jp/book3

無料ゲーム／
エンパシーチャートWEBツール

超速！
SNS文章作成ゲーム
（第2章で紹介）

**LINEで自動的に5パターン
が抽出されるシステム**（無
料）

https://www.m.empathywriting.com/line-sns-game

SNS文章作成ゲーム　で検索

超速！
文章作成ゲーム
（第4章で紹介）

「穴埋め文章作成テンプ
レート2.0」のLINEゲーム
（無料）

https://www.m.empathywriting.com/line-cmiyc-game

超速文章作成ゲーム　で検索

エンパシーチャート作成WEBツール iEmpathy(アイエンパシー)
（第5章で紹介）

文章作成に革命を起こす
ソフトウェア──
iEmpathy(アイエンパシー)

※ 30 日間無料トライアル実施中
アナログで印刷して使いたい方は、無料で
チャートデータをダウンロードできます。

https://www.m.empathywriting.com/iempathy

アイエンパシー で検索

https://www.empathywriting.com/ewm/ec/

エンパシーチャート で検索

iEmpathyで「寄り添いマップ3.0」が使える
無料アップグレード（第6章で紹介）

iEmpathy(アイエンパシー)で「寄
り添いマップ3.0」が使えるように
なる、無料アップグレード。

巻末付録に掲載しきれなかった、「寄り
添いマップ 3.0」、チャート、1枚フレー
ムワークのダウンロードデータなど、す
べての付録は、読者専用サイトからお受
け取りください（無料）。

http://emwm.jp/book3

穴埋めキャッチコピー369

スマホアプリで、穴埋めキャッチコピー369
（無料）

369個すべての穴埋めキャッチコピーを解説付きで閲覧できる、便利な無料スマホ アプリ「文章作成の恋人」

https://www.m.empathywriting.com/empathy-apl

文章作成の恋人 で検索

穴埋めキャッチコピー369全リスト

定番かつ洗練されたキャッチコピー123		
直感的にわかりやすいキャッチコピー41		
無料○○は受け取りましたか？	世界に一つの○○	○○アンケート
最新の○○が届きました。	お手軽に始める○○	○○バトル
○○ランキング	伝説の○○	○○活用術
今月もやります！人気の○○	○○まるごと安心パック	珠玉の○○
○○はおまかせ	こだわりの○○	○○丸わかり
○○をお試しください	あなたの○○を測定	○○大検証
○○するときに参考になるまとめ	今一番売れている○○	○○の取扱説明書
○○のことなら、お任せください	○○の専門家	○○番付
○○ガイド	元祖○○	○○の真髄
○○宣言	上手な○○選び	いま話題の○○
基礎から学べる○○	○○プロジェクト	○○ショック
行列必至の○○	○○する技術	トップクラスの○○
目指しているのは、○○	○○の必勝パターン	○○に先手を打つ
攻めるなら、○○から	○○好きも納得	
安定感があり受け入れやすいキャッチコピー41		
○○に関する7つのルール	○○の達人	○○の科学
○○のご質問いただきました	○○をサポート	○○ハンドブック
みんなの○○	選ばれる○○	○○の定石
地元で評判の○○	○○のパイオニア	○○集めました
夢を叶える○○	○○のレッスン	○○の物語
○○するための教科書	○○塾	○○サミット
ザ・○○	○○対策	○○白熱会議
○○の方へのアドバイス	○○に備える	○○に感謝
みんなに愛される○○	○○の心得	○○への第一歩
○○力を鍛える	○○の時代	○○プログラム
○○シリーズ	○○の未来	○○のキーポイント
○○生活	○○会議	○○上達指南
○○バリエーション	○○の育て方	○○の歩き方
○○をグレードアップ	○○の条件	

好奇心を刺激する気づきを与えるキャッチコピー41		
なぜ、○○はハマるのか？	プロ顔負けの○○	○○からあなたを守る
○○してみませんか？	世界一受けたい○○	ずっと待っていた○○
○○ VS ●●	○○虎の巻	○○のウソ？ ホント
○○できない本当の原因	○○進化論	○○の原点
「30代からの○○」	次世代の○○	○○の光と影
知らないと損する○○	違いの分かる○○	世界で勝てる○○
うわさの○○	○○とは？	○○のコツ
●● or ○○	やっぱり○○が好き	○○の底力
○○×●●	○○の成否のカギ	○○のミステリー
魔法の○○	胸を打つ○○	○○攻略法
○○の合理的な考え方	ウソのようなホントの○○	○○改造計画
転ばぬ先の○○	○○で一番、大切なこと	○○大冒険
プロだけが知っている○○	○○のスイッチ	これだけで○○
あなたが主人公になる○○	○○はここが違う	
インパクトのあるキャッチコピー123		
直感的にわかりやすいキャッチコピー41		
○○円プレゼント	結果をたたき出す○○	ラクして○○
○○をたった1日で身につける	うなぎ登りの○○	たちまち○○
○○のネタバラシをします	非常識な○○	○○の誘惑
幻の○○	○○の魔術	迫りくる○○
とにかく○○がすごい！	速報！○○	死んでも○○
○○、新発見	秘密の○○	ディープな○○
○○にもほどがある	前人未到の○○	○○ビッグバン
まるっとお得な○○	劇売れの○○	○○緊急案内
○○が新登場	変な○○	爆発的な○○
すごい○○	ケタ違いの○○	疾風怒濤の○○
一目で分かる！○○	史上初の○○	ぶっちぎりの○○
限定の○○	驚きの○○	血肉沸き踊る○○
とにかく○○したい	奇跡の○○	見逃せない○○
いとも簡単に○○できる	飛びぬけた○○	

安定感があり受け入れやすいキャッチコピー41		
○○をしたときに必ずすること	ライバル不在の○○	知っている人は知っている○○
○○がついに復活！	○○で気分、一新。	最後は○○
脱○○	プロが使い続ける○○	○○も太鼓判
後悔しないための○○選び	革新的な○○	○○解禁
○○を人より早く手に入れる	○○の心配を吹き飛ばせます	○○の決め手
もっとずっと、いい○○	○○の画期的な方法	圧巻の○○
最優先するべき○○	○○アップ大作戦	○○の今
間違いだらけの○○選び	忘れられない○○	○○の新潮流
○○はあなたを強くする	伸び盛りの○○	あなたの知らない○○
魂が震える○○	世界を変える○○	磨きぬかれた○○
悲惨なミスをなくす○○	口コミだけで広がる○○	○○のオキテ
○○の代表作	○○最前線	目を見張る○○
封印が解かれた○○	世界一オモシロイ○○	ヤバすぎる○○
今こそ、○○	○○を徹底解剖	
好奇心を刺激する気づきを与えるキャッチコピー41		
○○を減らしながら□□を増やす	騙されない○○	常識外れの○○
あなたの想像を超える○○	さようなら、○○	起死回生の○○
あなたがなぜ○○できないのか？	ストレスフリーの○○	土壇場の○○
ダメな○○の典型	○○の意外な方法	うそっ？ ○○
美しすぎる○○	○○で、できなきゃあきらめる?!	○○の悪知恵
門外不出の○○	○○から目を離すな	○○の幻想
○○の知られざる秘密	○○を疑え	○○の告白
○○からの脱却	○○の裏側を読み解く	消えた○○
すべての○○を過去にする	逆転の発想から生まれた○○	○○の真犯人
○○の反逆	○○に挑め	肉迫する○○
○○の新常識	あなたを襲う○○	ありえない○○
○○は可能か？	○○成功の秘密	禁じられた○○
本当にその○○は必要ですか？	○○の正体	○○のタブー
○○にご用心	危うい○○	

インパクトのあるキャッチコピー123		
直感的にわかりやすいキャッチコピー41		
ベスト・オブ・○○	○○の正体	○○のタブー
○○の落とし穴	オレなら○○するね	どうせなら○○
○○の弱点	○○は、グッド！	揺れる○○
クセになる○○	○○を堪能する	落ちた○○
ごきげんな○○	らくちん○○	○○を狙え！
今、読むべき○○	○○で泣く人、笑う人	どどんと○○
○○は、変わる。	○○、これはいい	だから、○○
求む－○○	ちょっと贅沢な○○	出でよ！○○
○○にはもうコリゴリ	脚光浴びる○○	○○イノベーション
○○をやっつけるのは簡単	媚びない○○	○○の覇者
そろそろ本気で○○	ちょっといい○○	きらめきの○○
めくるめく○○	キラキラ輝く○○	とことん○○
ちっちゃな○○	○○一筋	○○の切り札
最後に笑うのは○○	○○レボリューション	息をのむ○○
	甦れ、○○	
安定感があり受け入れやすいキャッチコピー41		
さぁ、○○へ	○○という生き方	受け継がれる○○
手元に置いておきたい○○	一生役に立つ○○	○○の流儀
子ども心をくすぐる○○	○○が好きです	○○の夜明け
胸をキュンとさせる○○	色あせない○○	○○の使い道
○○、賢者の選択	○○の進化形	失われた○○
今こそ始める○○	時代に愛される○○	静かなる○○
●●の違いは、○○の違い	○○の味方	心を揺さぶる○○
○○年目の新提案	魂を揺さぶる○○	○○の終わり
東京で出来る○○	裏づけされた○○	センスが光る○○
○○するための仕組み	個性を活かす○○	ここぞというときの○○
こうして私は○○できました	たとえば○○	とっておきの○○
○○に贈る	今、知りたい○○	○○の折り紙つき
○○に続け！	親子で考える○○	ついにたどり着いた○○
何の変哲もない○○	歴史から学ぶ○○	

好奇心を刺激する気づきを与えるキャッチコピー41		
ワンランク上の○○	○○は●●のあとで	友人が教えてくれた○○
毎日を○○にする	○○のデメリットは？	○○は答えを知っている
○○で必要なことはすべて□□で学んだ	○○といえば、●●	ところで、○○はしましたか？
効率的な○○の探し方	○○だけど、●●	○○したの、いつですか？
記憶喪失になっても忘れていはいけない○○	○○から何を学べますか？	意外と知らない○○
●●するだけで○○になる	くやしいけど、○○が好き	寝ても覚めても○○
○○の不都合な真実	●●は○○が一番大事	○○の意外な実像
●●と○○と□□	ご存知ですか？○○なことを。	○○のカラクリ
○○に危機感を抱いているあなたへ	ベールを脱いだ○○	○○とは何か
人生を変えるかもしれない○○	○○って何だ？	八方ふさがりの○○
○○の情報はすでにキャッチしていますか？	●●なくして○○なし	○○が決まったら…
○○に左右されないためには？	クセがあるのに、クセになる○○	○○パラドックス
○○を出し続ける理由	○○が未来を拓く	とどまるところを知らない○○
○○について一緒に考えませんか？	○○な方はいませんか？	

「接続詞」だけで、文章は劇的に上手くなる！ 定番ワード200

後に伝えることを強調したい	
実は	最初にお伝えしたいのは
ぜひ	誰よりもまっ先に
さらに	とにかく
さらに強力なのが	すぐに
現実をみれば	ただちに
考えてみると明らかなのは	正直のところ
とにかく	ここだけの話
正直、告白するならば	振り返ってみれば
情けないことに、	ひょっとしたら
あなたも知っているように	万が一
ご存知のとおり	そうであっても
お分かりのとおり	誤解を恐れずに大胆に言わせてもらえば
すでにあなたもお感じのとおり	偏見かもしれませんが
こんな話しは信じてもらえないでしょうが	驚くのはここからです
信じられないかもしれませんが	今だから言えるのですが
まさかと思うかもしれませんが	ここからが一番お伝えしたいことです
とにかく	これで終わりではありません
注目すべきは	重要なポイントとして次をご覧ください
残念なことに	本題はここからです
うれしいことに	まさに
あえて言うならば	まさしく
疑いなく	特に
意外なことですが	実に
騙されたと思って	本当に
まず	正に
早速ですが	今すぐにでも
少なくとも	今にも

252

前が原因・理由となって後の結果・結論につなげたい	
だから	しかも
だからこそ	さらに
ですから	そして
すると	もちろん
そこで	また
その結果として	おまけに
その理由は	そのうえ
そのため	それどころか
ですから	そればかりではなく
おかげで	それに留まらず
したがって	付け加えると
結局のところ	ただし
つまるところ	もっとも
すなわち	ちなみに
それゆえに	ただ
行き着くところ	それだけではありません
巡り巡って	かつ
そこで今	なお
以上から	なおかつ
ひいては	それだけでなく
それに留まらず	加えて
これにより	他にも
そういう訳で	それと同時に
とどのつまり	なおいっそう
やはり	あわせて
挙句の果てに	ついでながら
ついには	そこへ持ってきて

言い換えて、まとめたり強調したい	予想とは逆の展開をしたい
言い換えれば	しかし
別の表現をすれば	しかしながら
一言でいいますと	しかし、申し訳ないですが
私にとってみれば	ところが
繰り返しになりますが	それなのに
先ほど言いました通おり	それにもかかわらず
その目的は	とはいうものの
ポイントになるのは	それでも
短く簡潔に書くと	意外や意外
平たく言うと	普通に考えれば、
かいつまんで言えば	常識的に考えれば
わかりやすく言うと	逆に言ってしまえば
要するに	とは言っても
言ってしまえば	そうは言っても
確実に言えることは	だからと言って
つまり	その一方で
それと同じように	逆に
そういった意味で	反対に
言うまでもなく	はたから見れば
むしろ	そう感じながらも
場合によっては	それなら
どちらにしても	だが
その答えは	だがしかし
結論をお伝えすると	けれど
まとめますと	とはいえ
見方を変えれば	しつつも
考え合わせてみると	他方で

話題や状況を転換したい	前のことを詳しく説明したい
それでは	なぜなら
では	というのは
さて	だって
そんなとき	詳しく説明すると
ところで	この問いに対する答えは
話しは変わりますが	その秘密は
それはそうと	ここだけの話
余談ですが	どうしてかというと
それより	本音をぶちまけると
比喩（メタファー）や例で、 イメージを膨らませてもらいたい	その他
たとえば	なぜ
まるで	準備はいいですか？
いわば	○○によれば
言うなれば	どうして
それはあたかも	もし
例を挙げると	もしも
一例を挙げれば	仮に
あたかも	問題は
いわば	お願いがあります
想像してみてください	教えてください

厳密な仕分けではないので、言葉を眺めながらアイデアを膨らますヒントとしてご活用ください。無関係だった文章たちがつながりはじめます。また、組み合わせたり、言葉を変形させることで、バリエーションは無限に広がります。

「はじめに」を読んでもらうための工夫

　巻末付録の最後は、「はじめに」に盛り込んだ文章テクニックをご紹介します。本書の「はじめに」は、P223 で紹介した「究極の LP テンプレート」で構成し、さらに 22 の文章テクニックを駆使して作成しました。では、早速、その種明かしをしていこうと思います。

「はじめに」を構成している骨組み

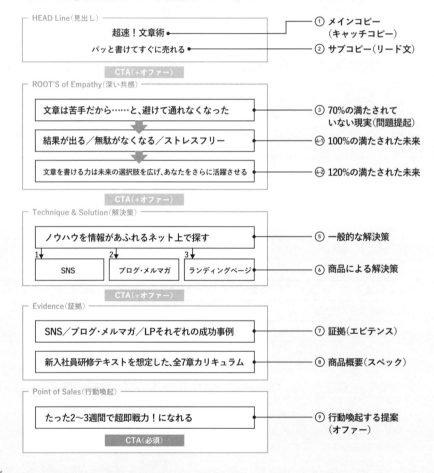

「はじめに」で使用している文章テクニック

はじめに

速く書くことと、
上手い文章は、両立できる

「パッと書けてすぐに売れるなんて、嘘っぱちだ！」

Amazonでそんなレビューを書かれるかもしれない。

正直それは、私のやわらかいメンタルに、十分なダメージを与えるだろう。

しかし、それでも私は、この本をどうしても、あなたに手に取ってほしかった。

なぜなら、私が文章指導をはじめた12年前には、特定の人だけが身につければよかった文章スキルが、SNSやインターネットが空気のように私たちの日常に溶け込んでいる今、もはや"誰にとっても"重要な必須スキルとなったからだ。

文章という、つぶしが効くスキル

「文章は苦手だから」と、避けて通ることを時代が許しくてくれないのですから、"誰にとっても"というのは、決して絵空事ではありません。

その昔、「メールだけ」あるいは「メルマガだけ」の営業やアポイントで仕事が成り立つ時代がありました。デジタル・ネイティブの若者にこんな話をしようものなら、お酒の席での武勇伝だと煙たがられるだけで、きっと信じてすらもらえないでしょう。

1

---

① 読みはじめの1文を短くして、ひと目で読めるようにしている

② 「」のセリフ書きにして、注意がいくようにしている

③ 自己開示をし、正直な気持ちを伝えることで興味を深めてもらっている

④ 言葉（誰にとっても）をリンクさせ、前後の文章のつながりを強くしている

SNSやLINE、ブログ、ホームページ、ランディングページなどが当たり前の世代に、信じてもらう意味すらないのかもしれません。それだけコミュケーション手段は多様化し、誰もがメディアとなり、自由に情報配信できる環境が整っています。

しかし、「言葉で伝える」という本質は、何も変わりません。言葉、つまり文章で人を動かすことができれば、次のような変化があなたに起こり始めます。 —⑤

- 仕事やビジネスであなたや商品・サービスの価値が的確に伝わり、成績や売上げが上がる ➡ 結果が出る
- 伝わらないことや誤解から発生する、目に見えない膨大なコミュニケーションコストが激減する ➡ 無駄がなくなる —⑥
- 文章を書くことや伝えることへの負担がなくなる ➡ ストレスフリー —⑦

こういった、わかりやすいポジティブな変化が起こるだけではなく、文章化できるスキルは、あなたの価値を高め、発想力やアイデアを生み出す力を刺激し、私たちの仕事やプライベートを広範囲に、そして強力にサポートする武器になります。

ひと言で言ってしまえば、文章を書ける力は、未来の選択肢を広げ、あなたをさらに活躍させる、「つぶしが効くスキル」なのです。 —⑧

文章が、誰でも、確実に、上手くなることは可能か？ —⑨

「文章って、結局、どうしても避けて通れないですよね、でも……」 —⑩

2

⑤ さまざまな読み手の意識をひとつの主張にセンタリングさせている

⑥ 箇条書きで読みやすくしている

⑦ 短いフレーズ化で理解しやすくしている

⑧ 小見出し（Ｐ２の"文章という、つぶしが効くスキル"）の伏線を回収している

⑨ 穴埋めキャッチコピーを利用している ※ほか、2箇所

⑩ 読み手の声を先回りして代弁し、引き込んでいる

258

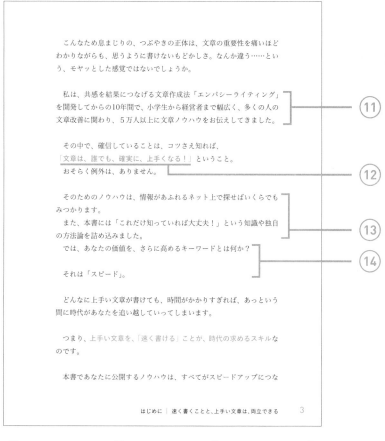

こんなため息まじりの、つぶやきの正体は、文章の重要性を痛いほどわかりながらも、思うように書けないもどかしさ。なんか違う……という、モヤッとした感覚ではないでしょうか。

私は、共感を結果につなげる文章作成法「エンパシーライティング」を開発してからの10年間で、小学生から経営者まで幅広く、多くの人の文章改善に関わり、5万人以上に文章ノウハウをお伝えしてきました。 ⑪

その中で、確信していることは、コツさえ知れば、
「文章は、誰でも、確実に、上手くなる！」ということ。
おそらく例外は、ありません。 ⑫

そのためのノウハウは、情報があふれるネット上で探せばいくらでもみつかります。
また、本書には「これだけ知っていれば大丈夫！」という知識や独自の方法論を詰め込みました。 ⑬
では、あなたの価値を、さらに高めるキーワードとは何か？ ⑭

それは「スピード」。

どんなに上手い文章が書けても、時間がかかりすぎれば、あっという間に時代があなたを追い越していってしまいます。

つまり、上手い文章を、「速く書ける」ことが、時代の求めるスキルなのです。

本書であなたに公開するノウハウは、すべてがスピードアップにつな

⑪ これから語ることに対して、その資格があることを伝えている

⑫ 力強いエールで疑いを払拭し、背中を押している

⑬ 一般的な解決策を提示し、その上で本書の強みを伝えている

⑭ 新しい問題提起をし、次の展開につなげている

がっています。大きくわけて、次の３つに分かれています。

1 SNSで役立つ 超速で文章力が上がるテクニカルな方法（1〜3章）
2 ブログ・メルマガで役立つ 超速で読まれる文章が書ける方法（4〜5章） ── ⑮
3 ランディングページで役立つ 超速でセールス文章が書ける方法（6〜7章）

※おまけとして、「上司に YES と言わせる企画書テンプレート」も巻末に掲載

SNSから売れる文章までを、「上手く書く」vs「速く書く」 ── ⑨

本書で紹介するノウハウは、多くの方から反響をいただいています。

［1 SNS］

　SNS投稿の考えすぎで、なかなか最後の投稿ボタンを押せなかった20代の女性。「SNS 文章作成ゲーム（第２章参照）」で、自動でさくっと作った５パターンの文章から、好きな文章を選べるようになり、短時間で投稿できるようになりました。さらには、文章のおもしろさと、伝える喜びを知り、文章作成のスピードや質がアップデートされています。

［2 ブログ・メルマガ］

　整体師が集まる業界セミナーに講師で呼んでいただいたとき、「ブログは絶対に書きたくない！！」という先生が参加されましたが、受講から10日後、なんと「101記事達成！」のご報告。

　ゼロから101記事ですと、スピードアップは無限になってしまいますが、別のアンケートでは「本当に俺が書いたの！？　と思うぐらいの文章が完成。その時間も、今までの10分の１！！」こんなご感想もいただきます。

── ⑯

4

---

⑮

ソリューションの全体像を３つの大きな枠組みで伝えている

⑯

信頼してもらうために具体的な事例（エビデンス）を伝えている
※ほか、２箇所

［**3 ランディングページ**］

　私の文章講座に参加するのを 2 年間迷っていたほど文章が苦手だった
ヨガ講師の女性は、売れるランディングページテンプレートを知った直
後、2 週間かかっていたランディングページを 1 日（14分の 1 の時間）
で書けるようになり、今では、業界のトップリーダーからランディング
ページ制作を依頼されるほどにスキルアップしています。

　このように、速く書くことと、上手い文章を、両立することで、仕事
でのパフォーマンスや売上げが大きく引き上がります。

　そして、こうした SNS やブログ、メルマガ、ランディングページの反
応を高める「伝える武器」は、ホームページや広報、PR、クラウドファ
ンディングや LINE に至るまで、あなたの「伝わる＆売れる」に大きな
変革をもたらします。

⑰

──────────────────────
ベビースターラーメンのテーマパーク
「おやつタウン」成功の秘訣
──────────────────────

「何もないところに人を呼ぶ！」

　このようなテーマで、テレビ特集を組まれたり、企業での講演オ
ファーが止まない嶋田亘克さん。

　嶋田さんは『ディズニーのすごい集客』（フォレスト出版）の著者であ
り、エンターテイメントの世界に精通された方です。しかし、そんな嶋
田さんでも、三重県津市の何もない町で、まさか開業1か月で年間目標
の25％集客を成功させるとは、誰にも予想していませんでした。

　「おやつタウン」の仕事をされる前から、嶋田さんはエンパシーライ
ティングを活用してくださっていました。共感を生み出す文章を広告に

⑯

⑰

大見出しの伏線（P
2 "速く書くことと、
上手い文書は、両立で
きる"）を回収してい
る

使うことで、今まで1回の放送で5件程度程度しか注文がなかったラジオショッピングで30件を超える受注を達成したり、エンパシーチャートで書いた台本で構成した1本のテレビ番組で20億円以上の売上を達成したりと、次々に大きな結果を出されていました。

そんな嶋田さんからは、以前こんなメッセージをいただきました。

「20億円以上の売上を達成しました。しかし、売れたことよりお客様に共感いただけた実感が一番の嬉しさでした。最初に『寄り添いマップ』（第6章で紹介）で、商品を本当に必要とする人と、伝えるべきメッセージを明確にしてから、『エンパシーチャート』（第5章で紹介）『穴埋め文章作成テンプレート』（第4章で紹介）を使うことで、売り込みから一転してお客様に共感していただけるようになりました。また『ディズニーのすごい集客』（フォレスト出版）を出版したきっかけは、エンパシーライティングを活用して書いた出版社への企画書だったんです」

「おやつタウン」で、年に1度「エンパシーライティング」の研修を実施させてもらっていますが、その内容を本書ではふんだんに紹介しています。

⑯

新入社員研修テキストを想定した、全7章のカリキュラム

「文章作成による革命」を目指す本書を、いったい誰に向けて書けば、少しでも多くの人の役に立てるのか？

と悩み、考え抜いた結果、目指したのは「新入社員研修テキスト」です。なぜなら、会社は

⑱

6

⑱
「新入社員研修」というメタファーでイメージ喚起している

262

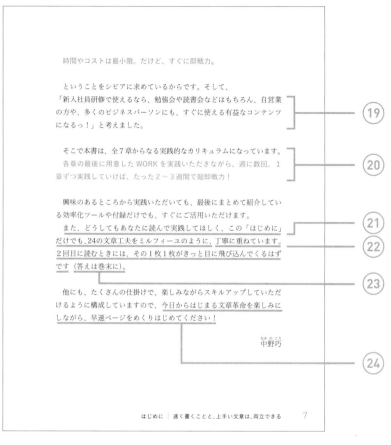

時間やコストは最小限。だけど、すぐに即戦力。

　ということをシビアに求めているからです。そして、
「新入社員研修で使えるなら、勉強会や読書会などはもちろん、自営業
の方や、多くのビジネスパーソンにも、すぐに使える有益なコンテンツ
になるっ！」と考えました。

　そこで本書は、全7章からなる実践的なカリキュラムになっています。
各章の最後に用意した WORK を実践いただきながら、週に数回、1
章ずつ実践していけば、たった2〜3週間で超即戦力！

　興味のあるところから実践いただいても、最後にまとめて紹介してい
る効率化ツールや付録だけでも、すぐにご活用いただけます。
　また、どうしてもあなたに読んで実践してほしく、この「はじめに」
だけでも、24の文章工夫をミルフィーユのように、丁寧に重ねています。
2回目に読むときには、その1枚1枚がきっと目に飛び込んでくるはず
です（答えは巻末に）。

　他にも、たくさんの仕掛けで、楽しみながらスキルアップしていただ
けるように構成していますので、今日からはじまる文章革命を楽しみに
しながら、早速ページをめくりはじめてください！

なかのこう
中野巧

⑲ 活用シーンのイメージを広げている

⑳ 本書の具体的な使い方とベネフィットをつなげている

㉑ 「どうしても」（P2の③部分）の伏線を回収するアンサー

㉒ 1回読むことを前提に捉えることで読む必然性を高めている

㉓ 最後のページまで目を通したくなる工夫をしている

㉔ 行動を喚起している

パッと書けてすぐに売れる
稼ぐ人の「超速」文章術

発行日	2020年7月20日　第1刷
	2020年8月24日　第2刷
Author	中野巧
Book Designer	krann 西垂水敦・市川さつき（カバーデザイン）
	小林祐司（本文デザイン）
Publication	株式会社ディスカヴァー・トゥエンティワン
	〒102-0093　東京都千代田区平河町 2-16-1 平河町森タワー 11F
	TEL　03-3237-8321（代表）03-3237-8345（営業）／ FAX　03-3237-8323
	http://www.d21.co.jp
Publisher	谷口奈緒美
Editor	千葉正幸　志摩麻衣

Publishing Company

蛯原昇　梅田翔太　原典宏　古矢薫　佐藤昌幸　青木翔平　大竹朝子　小木曽礼丈　小田孝文　小山怜那
川島理　川本寛子　越野志絵良　佐竹祐哉　佐藤淳基　竹内大貴　滝口景太郎　直林実咲　野村美空
橋本莉奈　廣内悠理　三角真穂　宮田有利子　渡辺基志　井澤徳子　藤井かおり　藤井多穂子
町田加奈子

Digital Commerce Company

谷口奈緒美　飯田智樹　大山聡子　安永智洋　岡本典子　早水真吾　三輪真也　磯部隆　伊東佑真　王廳
倉田華　小石亜季　榊原僚　佐々木玲奈　佐藤サラ圭　庄司知世　杉田彰子　高橋雛乃　辰巳佳衣　谷中卓
中島俊平　西川なつか　野﨑竜海　野中保奈美　林拓馬　林秀樹　牧野類　三谷祐一　元木優子　安永姫菜
中澤泰宏　青木涼馬　副島杏南　羽地夕夏　八木眸

Business Solution Company

蛯原昇　志摩晃司　藤田浩芳　野村美紀　南健一

Business Platform Group

大星多聞　小関勝則　堀部直人　小田木もも　斎藤悠人　山中麻吏　福田章平　伊藤香
葛目美枝子　鈴木洋子

Company Design Group

松原史与志　岡村浩明　井筒浩　井上竜之介　奥田千晶　田中亜紀　福永友紀　山田諭志
池田望　石光まゆ子　石橋佐知子　齋藤朋子　俵敬子　丸山香織　宮崎陽子

Proofreader	株式会社 T&K
DTP	小林祐司
Printing	大日本印刷株式会社